1 MON

FREE
READING

at

www.ForgottenBooks.com

By purchasing this book you are eligible for one month membership to ForgottenBooks.com, giving you unlimited access to our entire collection of over 1,000,000 titles via our web site and mobile apps.

To claim your free month visit:

www.forgottenbooks.com/free974550

ISBN 978-0-331-09667-5
PIBN 10974550

HISTORIA
DA
VIDA, CONQUISTAS,
E RELIGIÃO
DE
MAFOMA,
E DO GOVERNO CIVIL, E MILITAR
DO
IMPERIO OTTOMANO;

Dos empregos, e funçõés religiosas, e de
algumas particularidades curiosas do
mesmo Imperio da Turquia,

COMPOSTA
PELO BACHAREL
JOÃO JOSE' PEREIRA.

➤✿❀✿◄

LISBOA:
NA OFFIC. DE SIMÃO THADDEO FERREIRA,
ANNO M. DCC. XCI.

Com Licença da Real Meza da Commissão Geral sobre o Exame, e Censura dos Livros.

Foi taxado efte livro em papel a trezentos reis. Meza 17 de Janeiro de 1791.

Com tres rubricas.

PROLOGO
AO LEITOR.

SÃO diversos os acontecimentos, que a pezar nosso contribuem em parte, ou em todo para nossa ventura : a Providencia, a sábia Providencia rege os factos do mundo como lhe praz, e cujo fim he ordinariamente desconhecido ao homem : se este se sabe aproveitar da Misericordia do Senhor, muitas vezes debaixo de apparencia de males : venturoso he; se pelo contrario, elle mesmo se faz mais digno delles , e os realiza em sua perdição, e desgraça. Hum inesperado successo , e que á primeira vista parecia lastimoso, me arrojou á Capital da Turquia: bem sabes , Amigo Leitor,

* ii   que

que te fallo de Conſtantinopla : eſ-
tranho de huma Naçáo inculta ,
ſem apoio de amigos , de parentes , ſem meios de ſubſiſtir , milhares de vezes perplexo heſitei ſobre o meu deſtino ; mas quando
me julguei de todo deſamparado ,
então me achei favorecido , e os
peſares que até alli denegrião minha alma , forão diſſipados , e nella
ſe reſtabeleceo minha antiga alegria
pela aquiſição de meio facil não ſó
de ſubſiſtir na Capital , mas ainda
de tranſitar por todo o Imperio
Ottomano : permitti que mais me
não demore na narração deſta di-
greſsão , nem das ſuas circumſtancias , pois neceſſario não he , nem
vos pódem intereſſar as aventuras ,
ou hiſtoria de minha vida. Vendo-
me pois deſafogado , viáo meus
olhos , e ajuizava eu de differente
ma-

maneira : o tempo de minha reſi-
dencia foi aſſaz baſtante para ſatis-
fazer minha curioſidade , a qual
me tinha determinado para minha
inſtrucção , e recreio ; o effeito que
ella produzio , he o que te offereço
neſte pequenino volume , nelle acha-
rás ó que mais convém , e he li-
cito ſaber ácerca daquelle Imperio, da Vida, Conquiſtas, e Religião do falſo Profeta Mahomet:
mais poderia dizer , a decencia , porém , e decóro da noſſa linguagem,
e Nação, a Santidade, e Piedade
da noſſa Religião não permittem
que indiſtinctamente ſe eſcrevão,
e cheguem á noticia de todos os
Chriſtãos muitas couſas que omit-
ti. Para compôr eſta obra , que,
quando me retirava, principiei em
Italia , aonde me demorei algum
tempo, não tinha ainda lido o Al-
co-

corão, pois me era vedado em quanto affisti na Turquia : não ignora-
va de todo a Religião dos Turcos; mas não tinha sufficiente instrucção para escrever a sua historia. Foi em Italia que então con-
sultei a edição de André Arriva-
beno, a qual está escripta naquelle mesmo idioma, e he melhor que
a de Ryer; e não contente com
esta lição, li tambem a de Marac-
ci dada ao prélo em Arabe, e La-
tim : esta ultima merece os applau-
sos de todos os Eruditos, e della
foi que mais me servi para sup-
prir a algumas cousas que ignora-
va. Depois me veio á mão o Alcorão escripto, e annotado em Fran-
cez por Sale, pouco porém me
utilizei delle.

He pois, Amigo Leitor, de
que te posso informar, para que
co-

conheças que defveladamente me empreguei em te dar huma noticia, que, ao mefmo tempo que te inftruires, e recreares, terás muito de que te maravilhar, e não menos que commentares. Não fejas leve em crer, nem facil em motejar; e fe depois de maduro exame quizeres fentencear, faze-o, mas ouve-me primeiro, porque eu protefto-te que, ou feja a refpeito da materia, ou da fórma defta obra, me hei de fujeitar á verdade, e á razão de admiravel maneira, e com a fciente docilidade, que nafce do conhecimento, que o homem deve ter de que eftá mais propenfo a errar, que a acertar.

Vale.

HIS-

HISTORIA
DA VIDA, CONQUISTAS,
E RELIGIÃO
DE
MAFOMA.

CAPITULO I.

Da Vida, e Conquiſtas de Mafoma.

Afoma, ou Mahomet, cuja vida, e acçóes eſcrevo, que de fraco negociante veio a ſer o Monarca da Arabia, e o Fundador de hum vaſto, e florecente Imperio, cujas ruinas formáráõ tres Monarquias poderoſas: aquelle vaſto genio, que ſem o ſoccorro das Sciencias humanas, offuſcou a gloria dos mais

A   aba-

abalizados políticos ; o impoſtor le-
terrimo, o falſo, e damnoſo Profeta,
author afamado de huma Religião, que
por ſua extensão a diſputa ao Chriſtianiſmo: aquelle deſtruidor de tantos
Reinos, que enſopou a terra de ſan-
gue, e que procurou deſtruir todas
as luzes, e verdadeiras noções, que
os homens ſeus predeceſſores tinhão
adquirido. Eſte monſtro, eſte malvado
naſceo em Meca, cidade da Arabia ;
ſeu dia natalicio não ſe ſabe de certo ; ainda que he provavel que elle
víra a luz do mundo em nove de
Abril de 572 da era vulgar de Jeſu
Chriſto, e que fôra filho poſthumo
de Abdolach, ſeu legitimo pai ; a in-
certeza do parto de ſua mái viuva
Eminach, ou Amena, confronta com
a do ſeu naſcimento, vil, e abjeſto,
ſegundo a opinião mais corroborada :
dizem huns que elle naſcêra dous,
outros dez mezes depois da morte de
ſeu pai ; e querem alguns que dous
annos depois do ſeu naſcimento morreſſe Abdolach, o que não obſtante
tanta contradicção entre os meſmos
Mu-

Mufulmanos, atteftáo eftes que feu horofcopo fôra feliz, e acompanhado de diverfos prodigios, que maravilhárão grande parte do mundo. Sua infancia he táo obfcura como fua orígem; e o mais verofimil he que Abdol-Motalleb, feu avô paterno fe vio obrigado a tomar cuidado da mái, e do filho, cuja fubfiftencia, como a de toda a mais familia, eftava dependente do ganho da carretagem de poucas beftas que trazia na eftrada. (*)

A ii Ab-

(*) Os AA. e os mefmos Mahometanos não acertão com o determinado dia do nafcimento de Mafoma; fabe-fe que nafceo entre o anno 569, e 572. A vulgar opinião dos Mahometanos he fobejamente honrofa, e favoravel ao feu Profeta, e não falta quem, feguindo a errada tradição, e efcrevendo a fua vida, falle defte modo. Mahomet nafceo em Meca, cidade da Arabia, no primeiro dia do mez de Maio do anno de Jefu Chrifto 571. Era da Trybu dos Koraiquitas, que fe julgava a mais nobre daquelles póvos, e oriundo dos primogenitos de Pher-Korayb feu primeiro fundador: feu pai chamava-fe *Abdolach*, e fua mái *Amena*.

Ainda que de tão illuftre geração, paffou feus primeiros annos em abatimento, porque tendo perdido feu pai na idade de dous an-

Abdol-Motalleb entregou Mafoma
a certa mulher chamada Halimah para

---

nos , toda a authoridade , e haveres de fua
familia , paffárão para feus tios , e mórmente
para *Abu-Taleb* , que pelo decurfo do tempo
chegou a governar Meca como Soberano , e
cuja protecção lhe fervio para divulgar fuas
impofturas , e para o defender de todos os
feus oppofitores.

Viveo com fua mãi até á idade de oito
annós , em que ficou orfáo , e que então feu
avó tomou conta delle ; mas , morrendo efte
no anno feguinte , feu tio *Abu Taleb* fe encarregou delle , e inftruio feu fobrinho para ,
como elle , fer negociante , e o mandou á Syria com feus camellos.

Quando porém elle eftava com os emiffarios de feu tio na praça públiça de Boftra ,
querem os A.A. Mahometanos que certo monge illuftrado lhe viffe a cabeça vibrando raios
de luz de brilhante refplandor , donde conjecturou , e prognofticou que tempo viria em
que Mafoma havia de fer Profeta : porém ifto he defcarada mentira ; porque elle não conheceo femelhante monge fenão paffados muitos annos.

Efteve á obediencia do tio até á idade de
vinte e finco annos , tempo em que morrendo hum dos principaes da Cidade , ficárão
muitos bens á Cadija fua mulher , a qual
chamou Mahomet para fer feu feitor , e tres
annos depois cafou com elle aos vinte e oito

ra o crear, em cuja casa se conservou até á idade de seis annos. Pouco depois o mandou seu avô com outros rapazes guardar os rebanhos communs da cidade, e comsigo levava as rusticas, e pobres provisões, de que tinha necessidade para alguns dias: dormia ao relento, conforme o ordinario costume da Arabia, aonde na mais tenra idade se avezão os homens a supportar o calor, e a pouco alimento para sua nutrição. Mafoma tendo sido creado desta maneira os primeiros seis annos de sua idade, entregou-se sem custo aos mais violentos exercicios debaixo do governo de seu tio Abu-Taleb. Era este hum caçador destemido, que effectivamente hia atacar nas montanhas os animaes mais ferozes. Tal foi a escola, em que Mahomet formou a sua mocidade. Seme-

de idade do falso Profeta. Tendo por esta causa sobeja opulencia, e vindo a ser hum dos mais poderosos da Cidade, sua ambição lhe inspirou a soberania de seus avoengos, e de que elle não tinha sido privado senão por haver ficado orfão.

melhante educação produzio nelle vigor infatigavel, grande conhecimento dos cavallos, e dos camêlos, rariffima habilidade para os governar, e fobeja deftreza para difparar frechas, e manejar o fabre, e a efpada.

Foi defta forte que Mafoma aprendeo a foffrer os trabalhos da guerra, e principiou defde logo a pôr-fe em eftado de poder executar os vaftos, e facinorofos projectos, que fua depravada ambição ao depois lhe infpirou.

Já varão, aos vinte annos de idade querendo tentar fortuna, aggregou-fe ás caravanas, que negociavão de Meca para Damafco. Nenhum lucro de feu negocio tirou nas diverfas jornadas, que emprehendeo; mas alcançou luzes, e conhecimentos, que convertérão as noções de hum caçador, ou negociante nas de hum homem de Eftado, e de hum aftuto Legislador.

Tendo pois tido occafião de hir negociar á Perfia, eftudou os coftumes de feus póvos, e inftruio-fe particularmente do modo, por que elles fazião

a

a guerra. Conhecendo os abusos, que allì se tinhão introduzido no Governo; conjecturou que aquella Monarquia, tão poderosa em outro tempo, não poderia ser de longa duração. Depois de haver examinado bem a Persia, passou á Syria, e poz maior cuidado em instruir-se da disciplina militar, do governo Politico, e Religião de hum povo tão poderoso, e de tão famosa reputação como os Romanos: mas pasmou de ver que Imperio tão gabado, e de tanta celebridade, já não era mais que sombra, ou escura apparencia do que antigamente fôra. Talvez que desde então formasse elle o designio de reunir os Arabes, e de os empregar na reunião daquelles dous Imperios, para quem olhava com desprezo, e já sem temor.

Finalmente nas digressões, que fez pelo Egypto, Palestina, e Syria, teve meios consentaneos de conhecer os Christãos, e os Judeos; e vendo que todas as Religiões daquelles póvos estavão divididas em diversas seitas;

con-

concluio abfoluta, e abertamente que
não haveria coufa mais propria para
alliciar partidiftas, e formar corpo' do
que inventar huma nova Religião.

Julgou que os habitadores de Meca eftavão tanto mais bem difpoftos
para receberem· de boamente huma
tal mudança, quanto feu commercio,
e frequentes converfações com os Chriftãos lhes tinha já feito facudir o jugo da eftupida idolatria, a que até
outro tempo eftiverão fujeitos : mas
então tinhão trocado o Paganifmo pelo *Zeudicifmo*; erro muito aproximan-
te dos Saduceos entre os Judeos, os
quaes negavão a Providencia, a Re-
furreição, e a vida futura.

Eis-aqui porque ao depois .force-
jou em idear huma efpecie de Religião, que fizeffe fortuna entre os Arabes, e ordenou o plano da fua impoftura, á qual os attrahio; e que
fendo huma mifcellanea do Judeifmo,
das herefias Chriftãs Orientaes, e do
antigo Rito Pagão dos Arabes, junto
ao ufo de todos os deleites dos fen-
tidos, enchia affáz bem o feu objecto,

cto, para não deixar de aliftar em feu partido huma Nação barbara , e a quem a mefma região, e clima alimentava a concupifcencia.

Ultimamente chegando a Meca na idade de vinte e oito annos , fem ter tirado de fuas caravanas , e digrefsóes mais lucros que os conhecimentos , que tinha adquirido , ahi grangeou fua fortuna. Huma viuva , por conta de quem elle fizera algum commercio em tempo de fuas caravanas , e a quem dera fempre fuas contas tão exactas , como defintereffadas , deo fobejo valor , e avaliou em muito os fentimentos de hum homem , a quem parecia que a adverfidade não perfeguíra fenão para tornar mais brilhante a fua fidelidade. Mahomet eftava então na flor da fua idade , e ainda que fua eftatura não era extraordinaria , com tudo o fer bem apeffoado , fua phyfionomia alegre , a efperteza de feus olhos , a gravidade , e modeftia do feu comportamento , fizeráo tal impreffão no coração de Cadija , tal era o nome daquella viuva , que ella fe
de-

determinou a elejello para feu efpofo, e
a dar-lhe preferencia entre muitos Arabes, que anciofamente a procuravão.
Contrahido o matrimonio, logo ella
lhe fez doação de todos os feus bens,
e riquezas. Mafoma fe entregou inteiramente ao gofto, e fatisfação de fua
conforte, e já mais houve marido,
que fe moftraffe tão meigo, e cari-
nhofo para fua mulher, nem que mais
attento foffe ás fuas inclinações, e de-
fejos. Cadija tambem não cuidava fenão em fazer a felicidade daquelle, a
quem, havia pouco, tinha dado a
mão, e entregado o feu coração.

Continuando a viver fempre em
invejada harmonia, morreo Cadija ao
fim de fete annos tendo-lhe precedido
a morte de finco filhos, que tivera de
Mahomet, tres dos quaes forão va-
rões, e duas femeas. Grandiffimo foi
o fentimento de Mafoma na perda de
fua efpofa, e de feus filhos; mas como amava extremofamente as mulheres, o impulfo violento de fua concupifcencia o obrigou outra vez a cafar. Suas avultadas riquezas, a boa

re-

reputação, e fingular capacidade, que
tinha para o negocio, o puzerão em
termos de poder fazer efcolha de nova conforte. Lançou pois os olhos fobre huma das filhas de *Abdallach*,
appellidado, *Abube-Kero*, o qual era
huma perfonagem de Meca. Tendo
pois Mahomet paffado a novas nupcias, não encontrou nefte fegundo
conforcio a mefma doçura, e prazer,
que encontrára no primeiro. *Aiesha*,
ou Ayeza, que affim fe chamava a
filha de Abube-Kero, lhe motivou muito pezar, e aborrecimento por feus
momos, prefumpção, inconftancia, e
por fuas intrigas. Para haver de fe
confolar, fe aproveitou da permifsão,
que concedião as leis da Arabia na
poligamia; e talvez que a mefma diffolução, e idolatria carnal lhe deffe
novo calor á fua eftragada imaginação, para lhe tornar facil, e certo a
execução do antigo plano de Religião,
que havia projectado, como diffemos,
a final de fuas digrefsões, quando fe
retirava para Meca.

Efte homem, que até agora temos
vif-

visto debaixo do aspecto de hum cidadáo pacifico, occupado unicamente do manejo, e interesse do seu commercio, e trafico mercantil, ou dos deleites, e passatempos, que produz a companhia de hum sexo amavel, passa agora a ser visto como impostor malefico, que se diz ser inspirado do Ceo, e que emprega o ferro, e fogo para constranger os póvos a receber sua doutrina.

Determina-se em fim a pesquizar os meios de executar o mais audaz, e temerario projecto, que o entendimento humano podia conceber. Como porém não podia principiar prégando logo contra a idolatria, que elle mesmo havia praticado, como os outros, nem constituir-se em reformador, e tomar o caracter de Profeta, sem ter emendado muitos defeitos, e mudado de procedimento, mórmente sendo constante que elle tinha tido muito má vida; aos trinta e oito annos de idade principiou a affectar a vida ermitica, hindo passar os dias sem interrupção em huma furna, ou cova

sofolitaria, que eſtava perto da Cidade, e na qual, dizia elle, que o ſeu exercicio era a oração, o jejum, e a mortificação : alguns ſuppóem que naquelle lugar tivera elle conferencias com os que lhe ajudárão a compôr o ſeu Alcorão.

· Antes de fazer pública ſua doutrina, e de prégar os dogmas, que queria eſtabelecer, fez toda a diligencia para fazer proſelitos ſeus os de ſua propria familia : ſua mulher foi a quem primeiro ſollicitou ; e para eſte effeito, quando á noite ſe recolhia, lhe fallava ſempre das visões, que tivera, e das vozes deſconhecidas, que ouvíra no ſeu retiro. Mas ella reputava ſuas narrações como váos fantaſmas de huma imaginação abrazada, ou como illusões diabolicas ; o que cauſando muito deſgoſto, e freneſi em Mafoma, para melhor a perſuadir de ſua impoſtura, lhe revelou, como por myſterio, e ſinal de eſtimação, que elle tinha converſado com o Anjo S. Gabriel, o que ainda aſſim não foi aſſáz para a reduzir á

cren-

Como porém no decurſo dos quatro annos ſeguintes fizeſſe também oito, ou nove proſelitos das peſſoas
mais diſtinctas da cidade, animou-ſe
a prégar públicamente ſua impoſtura
ao povo de Meca, e declarou abertamente que elle era hum Profeta enviado de Deos, para os tirar dos erros do Paganiſmo, e lhes enſinar a
verdadeira Religião. Dizia que ella
não era nova, mas ſim a meſma, que
Deos dera nos principios do mundo
a Abrahão: que ſendo perdida pela
corrupção do mundo velho, Deos a
tinha revelado a Abrahão, o qual a
enſinára a ſeu filho Iſmael, ſeu aſcen-
dente: que eſtabelecendo-ſe eſte na
Arabia a tinha igualmente enſinado
aos homens, qual a tinha recebido de
Abrahão; mas que a ſua poſteridade
depois diſto a corrompêra, e mudá-
ra em idolatria; e que Deos o enviava naquelle tempo para deſtruir eſta, e reſtabelecer a Religião do ſeu
Patriarca Iſmael.

Affirmava que elle recebia todas
as ſuas revelações do Anjo S. Gabriel
que

que Deos expreſſamente lhe enviava
para lhas inſpirar , ou communicar:
valia-ſe aſtucioſamente do ſeu mal ca-
duco , ou accidentes de Epilepſia , a
que eſtava ſujeito para confirmar a
opinião do ſeu commercio com Deos:
queria capacitar os Arabes de que
tudo o que elles vião no tempo dos
acceſſos daquelle achaque , erão exta-
ſis divinos , e que então o Anjo vinha da parte de Deos imprimir-lhe
novas revelações ; que ſuas convul-
sões erão effeito das viviſſimas impreſ-
sões da gloria , e reſplandor daquelle ſanto Miniſtro da Divindade.

Para vermos dè que modo Mahomet empregava ſeus talentos naturaes
na ſeducção daquelles póvos barbaros,
eu relatarei alguns de ſeus diſcurſos,
de que ſupprimirei muitas repetições
moleſtas , e enfadonhas , e certos factos que commummente não eſcapão
a quem tem ratificado ſeu entendimento por hum eſtudo methodico. Eis-
aqui pois a maneira de fallar do ma-
licioſo impoſtor. ,, Cidadãos da Me-
,, ca , he chegada a hora de dar con-

B   ,, ta

" ta do uſo, que tendes feito da voſ-
" ſa razão, e do voſſo valor. Debal-
" de recebeſtes vós eſtas prerogativas
" de hum Deos todo poderoſo, libe-
" ral, e bemfeitor, ſenão uſaſtes del-
" las, como cumpre aos homens. Eu
" vos aviſo da parte do meſmo Supre-
" mo Senhor. Eu eſtou novamente en-
" carregado da ſua Divina legação,
" para vos dizer que elle já não quer
" tolerar que abuſeis de ſeus dons pre-
" cioſos, empregando-os ſómente em
" divertimentos indignos de ſua eſ-
" ſencia, e benigna Mageſtade. Não
" deixeis jámais diſtrahir. voſſas al-
" mas, nem embeber voſſos corações
" em prazeres imaginarios. Abri voſ-
" ſo entendimento para receber a ver-
" dade. Mas por ventura eſte homem,
" que vos falla, não he hum homem
" qual vós ſois? Vindes vós ouvir
" as extravagancias, e quiméras de
" algum ſonho; rimados verſos de
" engenhoſo Poeta, ou ridiculas nar-
" rações de antigas, e apochrifas hiſ-
" torias, inſenſato recreio de velhas,
" e de meninos? Eſperais de mim
                                        " mi-

,, milagres., ou preftigios ? Homens
,, Arabes, ouvi : O Deos, que em mim
,, vos falla, he quem fez o Ceo, e
,, a terra, he Omnifciente, e nada
,, ignora. Conhece o fundo de voffos
,, corações : Dizei-lhes, Profeta, (*)
,, que em todas as cidades, fobre que
,, defcarreguei os tremendos golpes
,, de minha juftiça, e todas as fortes
,, de defgraças pelos crimes de feus
,, habitadores, nunca lhes enviamos
,, para os converter fenão homens, a
,, quem illuminámos pela revelação.
,, Dizei-lhes, que interroguem as fa-
,, milias da Lei, e do Evangelho, e
,, que aprendão, e faibão que aquelles
,, enviados não forão Anjos, nem
,, homens, que viveffem fem comer.
,, Não forão eternos fobre a terra, e
,, não vivêrão mais tempo que o que
,, lhes eftava decretado. Dizei-lhes :
　　　　　　　B ii　　　　,, quan-

(*) Eftas, e outras femelhantes expref-
sões são muito communs no Alcorão, e são
aquellas, com que Mafoma queria capacitar
os que o ouvião de que não era elle quem
fallava, mas que o efpírito de Deos o tranf-
portava.

,, quantas eidades injuftas, e iniquas
,, náo temos nós feito perecer, em
,, cujos lugares fizemos introduzir ou-
,, tras géraçóes? Quando aquelles pó-
,, vos experimentáráo o rigor do nof-
,, fo caftigo, promptamente elles def-
,, amparaváo os fitios que lhes pa-
,, reçião tocados da noffa cólera :
,, mas dizei-lhes, que enráo os Anjos
,, zombaváo delles. Náo apreffeis vof-
,, fa fugida, filhos da iniquidade,
,, voltai para voffa patria, e para
,, voffos lares. Antes de vos punirem,
,, vos háo de chamar a juizo. Oh!
,, que defgraçados que fomos, re-
,, fpondêráo elles, nós náo fomos táo
,, perverfos, como nos accusáo &c....
,, Dizei-lhes fe tiramos do *nada* o
,, Ceo, e a terra, e tudo o que em
,, fi comprehende por zombaria, ou
,, divertimento odiofo, fem attençáo
,, á verdade, e á juftiça? Faze, Pro-
,, feta, defvanecer a mentira, faze def-
,, apparecer a vaidade, fere-os com
,, milhares de golpes; as frechas fup-
,, priráo, e tomaráo o lugar da ver-
,, dade; eftas sáo as armas, que te
,, met-

„ metteremos nas máos. Dizei-lhes :
„ que desgraçados que sois pela fal-
„ sa idéa, que tendes de Deos. Os
„ Ceos, e a terra sáo obra sua, e
„ nada, do que em si incluem, dei-
„ xou ainda de ser fiel aos seus pre-
„ ceitos. O Sol, e os Anjos náo re-
„ cusaráo sua obediencia. Elles náo
„ tem invocado outros Deoses da ter-
„ ra para resuscitarem os mortos. Ci-
„ dadáos ! náo vêdes vós que se
„ houveffem muitos Deoses equipoten-
„ tes se deftruiriáo mutuamente. Mas
„ louvores a Deos, Senhor da Gloria :
„ elle he unico , e ninguem lhe pe-
„ dirá conta da sua vontade , nem
„ do uso do seu poder : elle he quem
„ ha de julgar os homens ; e lhes
„ ha de perguntar a razáo , por que
„ tiveráo o arrojo, e temeraria ousa-
„ dia de formarem Deoses para si
„ mesmos. Efta advertencia, que vos
„ faço, he semelhante á dos Profetas ,
„ que vieráo antes de mim. Náo ha ou-
„ tro Deos senáo Deos, e só a elle he
„ que vós deveis adorar... Quanto a
„ vós, Arabes, náo sois senáo hum po-
„ vo ;

„ vo ; eu não fou fenão hum Deos
„ voffo Senhor, e vós a ninguem de-
„ veis fervir fenão a mim. Os Chri-
„ ftãos, e os Judeos tem dividido a
„ fua fé, e ácerca-difto eu lhe farei
„ rigorofo juizo no derradeiro dia ;
„ dia terrivel ! em que os máos fe-
„ rão chamados das trévas, não para
„ viverem como da primeira vez fo-
„ bre a terra, mas para ferem ti-
„ ções do Inferno em lugar tão pro-
„ fundo, que feus medonhos, e te-
„ merofos gemidos, e gritos não fe-
„ rão ouvidos em nenhuma parte por
„ creatura alguma. „

   O effeito defte difcurfo foi a per-
fuasão de finco ouvintes novos, que
Abube-Kero tinha trazido á prefença
do pertendido Profeta. Excitado por
efte fucceffo animou-fe a fallar em
público ; primeiramente dogmatizando
em cafa, aonde os curiofos o ião ouvir ; depois exclamando, e fazendo
fuas mifsões pelas praças, e lugares públicos da cidade, e finalmente debaixo do portico do Templo, aonde os
peregrinos, e devotos fe achavão em
grande número.) Os

Os principaes argumentos, de que se servia para chamar os homens á crença de suas imposturas, erão promessas, e ameaças, como mais capazes de os mover. Suas promessas, e premios futuros, erão principalmente hum paraiso sensual, que elle imaginára, e descrevia com tanta astucia, e manha, que todos os deleites, e delicias mais appeteciveis, e mais conformes ao gosto, e inclinações dos Arabes se encontravão nelle abundantemente: taes como mulheres sempre juvenis, e formosas, rios, e regatos agradaveis; saborosas, e frescas bebidas; jardins deliciosos, e sombrios de copadas arvores, fragante cheiro, e encantadora symetria; frutos de exquesito, e desconhecido gosto; a posse eterna de todos os prazeres, e deleitações, que captivão, e transportão os sentidos. Com a mesma manhosa arte construio o seu Inferno, e o fez consistir em castigos, e penas, que lhe parecião as mais atormentadoras, e difficultosas de soffrer, e com as quaes ameaçava todos os que
não

não querião crer nelle. Vinhão a ser
seus supplicios; não beber senão agua
fervendo, e fétida; não respirar senão hum ar em summo gráo quente,
e abrazador; estar sempre experimen-
tando o effeito de continuado fogo,
e rodeado de espesso fumo negro,
quente, e salgado, que lhe servia como de cobertura; não comer mais
nada que cardos, espinhos, silvas, e
o fruto da arvore, *Zacão*, que ficaria fervendo no seu corpo, como o pez
no fogo; e outras ridicularias semelhantes.

Para que nada faltasse a seu systema, unia áquelles motivos as ameaças de penalidades, e condemnações
severas tanto nesta vida, como na outra, se elles o não quizessem ouvir,
e crer. Para este effeito lhes estava
representando a todo o instante a terrivel destruição de todos os póvos que
não quizerão ser instruidos pelos Profetas, que lhes precedêrão: que o antigo mundo fora destruido pelo dilu-
vio; Sodoma pelo fogo; os Egypcios pela peste, e pela agua por terem

rem desprezado, e desobedecido a Noé, Loth, e Moysés, bem como *Ad*, e *Thamod*, duas antigas Tribus dos Arabes, que elle inventava que tinhão sido destruidas pela mesma causa.

Mas debalde se cançava o falso Profeta no principio de suas impias missões públicas. Gostava-se sim de o ouvir, porque dizendo cousas novas, publicava historias estranhas, e fazia narração dellas de huma maneira agradavel: mas as pinturas, que elle fazia do Paraiso, e do Inferno, commovião pouco os ouvintes. Pouca gente attrahío então ao seu partido; mas todavia bem conheceo que suas opiniões não deixavão de se espalhar, e de fazer impressão nos animos dos seus compatriotas. Senão chegou a termos de os subjugar inteiramente, ao menos acertou derramando escrupulos em suas consciencias, e em lhes inspirar o amor da liberdade, e aversão aos estrangeiros.

Mafoma depois de muitas, e frequentes prégações, não contava no número de seus verdadeiros discipulos, se-

senão trinta e nove peſſoas. Achava muita oppoſição da parte do povo, que queria continuar o meſmo culto, e conſervar os ſeus Deoſes. Os princi-paes cidadáos de Meca, que buſca-vão governar aquella eſpecie de Re-publica, tinháo da ſua parte ſenſivel intereſſe em acautelarem os deſignios de Mahomet, que, ſob-pretexto de re-fórma na Religião, trabalhava por ſe apoderar dos animos, para os dirigir ſegundo ſuas intençóes, e intereſſes. Hum dos mais formidaveis adverſa-rios do falſo Profeta foi *Omar*, ho-mem que gozava de grande reputação entre os ſeus cidadáos, e que anda-va ſobremaneira prevenido contra a novidade. Dia houve, em que elle meſ-mo diſputou com Mahomet, e em que ſe arremeçou a elle para o aſſaſ-ſinar, o que não conſeguio por ha-ver quem, mettendo-ſe de permeio, o eſtorvaſſe. Algum tempo depois, aquelle meſmo Omar veio a ſer hum dos mais zeloſos diſcipulos, e ſecta-rio do miſeravel Mafoma. Eſte pois em tres annos de afadigados trabalhos,

e

e aflicões, não póde prevaricar com suas illusões senão quarenta e duas peſſoas, que na verdade erão os mais illuſtres cidadãos de Meca, e os mais capazes, pelo ſeu caracter, de contribuir para o bom exito de ſua terrivel empreza. Mas como elle ſe propunha a trazer o povo á ſua facção, repetio ainda com mais ardor, e frequencia ſuas prégações públicas, e a ninguem negou as conferencias particulares, que ſe quizeſſe ter com elle. Com tudo não julgou que ſimpleſmente vozes tiveſſem por ſi ſó força, e eficacia para levarem a convicção de ſua doutrina tão longe, como elle deſejava: ajuntou a iſto a prática de huma extrema liberalidade para os pobres, e fez hum preceito, que obriga cada Muſulmano a diſtribuir em ſua vida pelos pobres a decima parte dos ſeus bens.

Eſta obrigação de aliviar os deſgraçados, contribuio muito para fazer valer a doutrina de Mahomet. Os ſucceſſos deſte impoſtor começárão a amedrontar os Magiſtrados. Convocoucou-fe a Affembléa geral do povo para nella fe tomar em commum as refoluções, que pareceffem mais convenientes. Abu-Taleb, tio do falfo Profeta, defendeo ardentemente os intereffes de feu fobrinho, fuftentando que Mafoma tinha fempre procedido como bom cidadão, que não fe lhe podia arguir fenão huma fingularidade de opiniões, das quaes não fe poderia formar idéa, que não foffe vantajofa; a quererem julgar pelo comportamemto de todos os que a tinhão abraçado. Infiftio além difto fobre a neceffidade de obfervar ácerca daquelle cidadão as regras ordinarias da juftiça, que não permittião fentencear fem ouvir a parte.

Houve hum na Affembléa, que fuftentou que Mahomet fe tinha feito réo de morte, atacando a Religião commua do Paiz; tendo conferencias particulares, e esforçando-fe para fublevar o povo por fuas miffões, e inftancias públicas, e por efcriptos fediciofos; cuja propriedade nenhuma outra tinha que a de efpalhar na focieda-

dade a perturbação, e o terror. Concluio finalmente feu difcurfo, dizendo
que a morte de Mafoma era o unico meio de livrar a Arabia das defgraças, e calamidades, os póvos de que
eftava ameaçada. O grande refpeito, e
confideração que fe tinha a Abu-Taleb,
impedio que fe feguiffe partido violento contra o pertendido Profeta. De-
cidio-fe ultimamente que fe enviariáo
Deputados a Mafoma para o interro-
garem fobre os artigos da fua doutrina. Abu-Taleb magoado do perigo, a
que víra expofto feu fobrinho, lhe
reprefentou que mais razoavel era adoptar as opinióes recebidas, do que
fuftentar obftinadamente fentimentos
fingulares. Expoz-lhe as funeftas confequencias, que podia ter a mudança;
que elle queria introduzir na Religião;
e bufcou intimidallo, ameaçando-o
de o defamparar, e de o entregar á
difcrição de feus inimigos. O enthufiaftico, e manhofo Profeta falfo refpondeo a feu tio, que antes efcolhe-
ria a morte, que deixaria de inftruir;
porque elle eftava obrigado a obedecer

cer a Deos, que o havia efcolhido para
táo gloriofo minifterio. Abu-Taleb náo
fe defvelava fenáo em ver o modo, por
que havia livrar feu fobrinho do perigo,
a que o via expofto, e náo tinha defejo, nem animo de o defamparar
em conjunçáo táo crítica.

Os Deputados, que enviáráo a Mahomet, perante.elle o arguíráo, e lhe
fizeráo fummario verbal de querer introduzir hum culto novo, de inventar
fabulas extrahidas das naçóes eftra-
nhas, e fuperfticiofas, e finalmente
lhe differáo que fua franqueza, e liberalidade, cùjos motivos talvez foffem muito louvaveis, podia tambem
fer avaliada como hum genero de cor-
rupçáo praticada com defignio de gran-
gear a vontade da gentalha. „ Eis-
„ aqui porque, differáo elles, o prodecer
„ mais conveniente ao homem fizudo,
„ qual vós até agora tendes parecido,
„ he o que der menos occafiáo ao ef-
„ candalo de voffos compatriotas, e ás
„ accufaçóes de voffos inimigos, menos
„ que náo vos teftemunheis com mila-
„ gres públicos para affim fe authorizar
　　　　　　　　　　　　　„ vof-

,, voſſa doutrina, bem como o fizerão
,, todos os verdadeiros Profetas, que
,, vos precedêrão, Moyſés, Jeſus, e os
,, mais, que por voſſa propria confiſsão
,, deſta ſorte provárão que erão envia-
,, dos de Deos : por conſeguinte, ſe
,, tambem ſois Profeta, e maior que el-
,, les, como vos gabais, deveis fa-
,, zer os meſmos milagres, que elles
,, fizerão : reſuſcitai mortos, dai
,, viſta a cegos, ſarai os ſurdos,
,, os mudos, os coxos, &c. Se to-
,, davia vos eximirdes de nos dar al-
,, gumas deſtas provas de voſſa miſ-
,, são, não vos livrareis de incorrer
,, no deſprezo, e indignação geral, e
,, talvez que nas conſequencias de hu-
,, ma accuſação capital em preſença
,, dos voſſos proprios cidadáos ,, Pro-
curava Mafoma reſponder a eſta objecção, ou para melhor dizer, illudil-
la de differentes maneiras ; mas, as
razões mais fortes, que dava em ſua
defenſa, erão, que ſeus predeceſſores
tinhão deſprezado os milagres de Sa-
leb, e de outros Profetas, e que por
eſte motivo já Deos não queria obrar

por via deftas maravilhas. A fua refpofta eftá efcripta no fexto capitulo
do Alcoráo; e eis-aquí, fem muita differença, como elle fe explicou. „ Elles
„ jurárão pelas coufas mais fagradas,
„ que., fe viffem hum fó milagre, cre-
„ rião as verdades, e o livro, que te
„ são enviados. *Refpondei-lhes*: cer-
„ tamente os milagres são do poder
„ de Deos: elle he o Senhor da Na-
„ tureza, ainda que os infiéis o não
„ podem comprehender. *Dizei-lhes*:
„ aquelle, que faz vegetar as plantas,
„ e crefcer as fearas com pingas de
„ agua, que detrama do Ceo; aquelle,
„ que nutre o homem com páo, que
„ reduz a carne, e offos, não he To-
„ do Poderofo para plantar hum jar-
„ dim no deferto, ou para fazer cor-
„ rer as aguas do interior das monta-
„ nhas ? Sim, certamente; elle he
„ Todo Poderofo, porque perverte a
„ razão dos infiéis, e enche feus olhos
„ de cegueira, para que perfeverem
„ no erro, que efcolhérão, e que an-
„ tepozerão á verdade. *Dizei-lhes*
„ Profeta; que ainda quando viffem
„ defcer

,, decer os Anjos, quando os mor-
,, tos lhes fallaſſem, e viſſem alli
,, patente debaixo de ſeus olhos to-
,, da a Natureza, elles não crerião
,, ſenão por eſpecial dom, e benefi-
,, cio de Deos. Póvos! aſſaz benefi-
,, cios de Deos tendes para vos con-
,, vencerdes, e deteſtardes a voſſa
,, incredulidade. Não ſou eu hum ho-
,, mem qual vós ſois? E por ventu-
,, ra confiou Deos de mim o dom
,, de fazer milagres? Eu não ſou envia-
,, do por elle, ſenão para vos con-
,, vidar a eſcolherdes, e abraçardes
,, o bem, que ſe vos offerece; e a
,, temerdes, e afaſtardes o mal, que
,, ſerá punição, e caſtigos dos máos.
,, Eu não vos digo ſenão o que ſe me
,, manda dizer-vos, e o que devo
,, publicar, e perſuadir á força ' de
,, vozes aos que me quizerem ouvir,
,, e áquelles meſmos, que deſpreza-
,, rem, e fugirem de minha doutrina.

Reſpoſta era eſta muito aſſiſada
na boca de Hum homem, que não ſe
attribuia o poder de fazer milagres.
Não reſpondeo porém tão júdicioſa-

mente a certas perguntas, que fe lhe fizeráo por confelho dos Judeos, para fondar a extensáo de feus conhecimentos. Vio-fe affaz perplexo, titubiando confufo, e náo fahio dellas fenáo proferindo abfurdos, contradiçóes, e extravagancias.

Os Deputados, encarregados da inquiriçáo de Mafoma, voltáráo a dar conta de fua commifsáo, pela qual fe julgou que o teimofo impoftor eftava determinado a náo defiftir de fua empreza; o que náo obftante, feus proprios cidadáos o poriáo em eftado de náo perturbar a Arabia, fe elle náo fôra apadrinhado por Abu-Taleb, cujo refpeito, e credito era fobejamente grande entre os feus compatriotas. Mas fe eftes fe viáo obrigados a náo caftigar Mahomet, náo deixaváo perder occafiáo de affligirem feus difcipulos, os quaes vendo-fe expoftos contínuamente aos infultos, e zombaria de feus nacionaes, alguns fe refolvêráo a hir bufcar em outro lugar o focego, de que náo podiáo gozar em fua propria patria. Mahomet, que todo o

feu

feu ponto era bufcar modos de fazer creaturas fuas em differentes partes, e de propagar fua doutrina, de boamente lhes concedeo efta permifsão: defpedio dezefeis, e lhes deo as inftrucções neceffarias, e huma carta para ElRei da Ethiopia, aonde feus difcipulos perfeguidos, devião hir bufcar afylo: e eftes forão os primeiros Apoftolos de Mafoma. ElRei da Ethiopia, que naquelle tempo era Chriftão, ou foffe por motivo de caridade, ou por condefcendencia ás recommendações do Profeta, fez tambem agafalho aos fugitivos, que chegando efta noticia a Meca, muitos feus confreires fe puzerão a caminho, de forte que não paffado muito tempo, fe contava na Ethiopia grande número de Mufulmanos. Querem alguns que efta Epoca feja a que os Mahometanos celebrão ainda hoje debaixo do nome da primeira *Egyra*.

Os perfeguidores do Mahometifmo querendo fufpender o progreffo daquelle culto, e doutrina anti-chriftã, fizerão hum tratado com todas

as Tribus dos Arabes, em o qual
fe obrigaváo a náo contrahirem genero algum de alliança, ou commercio
de qualidade alguma com os defcendentes de *Hafchem*, e de *Abdol-Motalleb*. Hafchem era pai de Abdol-Motalleb. Efte tinha tido doze filhos; o
ultimo, cujo nome era Abdallah era
pai de Mafoma. Ò quinto filho de
Abdol-Motalleb, e que feu nome era
Abugehero, foi fempre hum dos
mais acerrimos, e mortaes inimigos
do pertendido Profeta. Por efte tratado, os parentes de Mafoma, ainda
aquelles mefmos, que eráo oppoftos
aos feus fentimentos, fe víráo obrigados a fahir de Meca, e a retirarem-
fe para humas terras de Abu-Talleb
muito perto da cidade. Nefta efpecie
de defterro foi que Mahomet, acompanhado de alguns feus feétarios, paffou o fexto, fetimo, oitavo, e nono
anno de fua mifsáo funefta, e exe-
cranda.

O generofo parente, que fempre
lhe fuppríra o lugar de pai no tempo de fua infancia, que fe tinha de-
cla-

clarado feu protector em todas as occafióes, e que ultimamente lhe dera
afylo, Abu-Talleb, digo, morreo aos
oitenta e tres annos de fua idade, e
fegundo fe julga, adoptou antes de
morrer á nova doutrina, que nunca em
fua vida quizera abraçar. Mahomet
fe moftrou fummamente fentido da
morte do feu bemfeitor : o que lhe
tornavà efta perda ainda mais fenfi-
vel, era ver que Abufofiáo, feu mais
cruel inimigo, fôra, pela morte de feu
tio, reveftido da principal authoridade da cidade de Meca.

Táo fobre modo animou Abufo-
fiáo os Koreiquitas contra o falfo Profeta, que defde logo começárão a
oppor-fe vigorofamente aos progreffos
da nova doutrina. Acertárão tanto nos
meios, de que fe fervírão, que muitos difcipulos de Mafoma, vendo que
nada podião efperar de o feguirem,
e que pelo contrario havia razão de
temer grandes defaftres, fugírão delle, e o defamparárão, e á fua Religião.

Mafoma náo era homem de fe
def-

deſcorçoar. Os obſtaculos não ſervião
ſenão para o animar cada vez mais,
e requintar ſua teima. Conhecendo
que ſeus nacionaes eſtavão tão fortemente prevenidos contra ſua doutrina, julgou a propoſito ceder ao tempo, e eſperar circumſtancias mais favoraveis. Sahio pois de Meca, e foi
para Taife com deſignios de ahi fazer proſelitos; mas ſuas prégações ſó
lhe grangeárão inſulto, mofa, e deſ-
prezos, que o obrigárão a deixar aquella cidade. Voltou para Meca, aonde
continuou a exhortar ſeus compatriotas para que deſiſtiſſem do culto idolatra, e abraçaſſem a ſua Religião;
cujos dogmas principaes eſtabelecião
a unidade de hum Deos, e a verdade
da ſua miſsão. Fez então ſectarios
ſeus ſeis habitadores de Medina, que
eſtavão em Meca, os quaes recolhen-
do-ſe para a ſua patria diſſerão mil
bens da peſſoa, e doutrina de Mafoma; de ſorte que quando elle entrou
naquella cidade, a maior parte de ſeus
moradores o recebêrão cheios de ju-
bilo, e derão moſtras de eſtarem
diſ-

difpoftos para o ouvirem favoravel-
mente.

Eis-que o impoftor principia a fazer grandes progreffos: maiores teriáo
fido, fe pudeffe fatisfazer os póvos
fobre o artigo dos milagres, que delle exigiáo. Debalde allegava o falfo
Profeta fuas familiares converfaçóes com
o Anjo S. Gabriel, tudo ifto era ef-
cufado, prodigios, e mais prodigios
he o que fe lhe pedia. Efta indoci-
lidade grandemente amofinou o falfa-
rio Mafoma; mas depreffa fe confo-
lou, quando fe vio elevado á dignidade de chefe, que folemnemente lhe
foi conferida pelos Anfarienes; peffoas
eftas que em grande número tinháo
abraçado a fua Religiáo, e por iffo ficáráo tendo aquelle nome, que fignifica:
Auxiliares. Todos lhe juráráo fidelidade, fé, e obediencia como a Apoftolo de Deos, e fe obrigáráo a pegar
em armas, para fuftentar, e defender
feus intereffes com o capciofo pretexto de Religiáo. Em confequencia defte juramento lhes fez tambem preftar
juramento por fuas mulheres: *que cre-
 riáo*

rião na unidade de Deos ; que não
furtárião ; que não commetterião
adulterio , e que não matarião feus
filhos ; porque até então o fazião,
principalmente quando os vião penar,
ou não tinhão de que os alimentar,
ainda que efte preceito, como alguns
dizem, reportava-fe aos abortos, por
não julgarem como verdadeiro o ufo
ímpio de matarem os filhos.

Depois defta formalidade, Mahomet lhes deo Mofaab filho de Omar
para os cathequizar no Mufulmanifmo. Mofaab ao principio foi confi-
derado em Medina como efpia. Facilmente fe juftificou, e comparecendo
á vifta do Principe lhe leo alguns
verfos do Alcorão, e o tornou feu
illuftre profelito, cujo exemplo attrahio confideravel número de habitadores para o partido de Mafoma. Até
então fe tinha o falfo Profeta conten-
tado de prégar fua doutrina, publi-
cando que não tinha que oppôr ás
perfeguições de feus inimigos fenão
á paciencia. Mudou finalmente de linguagem ; e fuppoz que tinha ordem
do

do Ceo para exterminar todos os que
não quizeſſem ſubmetter-ſe á ſua obediencia. Pedio de ſeus diſcipulos novo juramento, pelo qual ſe obrigavão
a defendello com o meſmo zelo, e
ardor, que defenderião ſuas mulheres,
ſeus filhos, e ſeus bens. Da ſua parte lhes jurou tambem que nunca os
deſampararia, e lhes certificou que ſe
elles morreſſem em ſeu ſerviço, ſeria
o Ceo a recompenſa do ſeu valor, e
da ſua fidelidade. Prohibio a ſeus ſectarios todo o genero de diſputa ſobre a ſua Religião, e lhes ordenou
que dahi por diante ſe não deixarião
convencer por argumentos, e a defenderião, e propagarião com o ferro na mão, dizendo-lhes que cada
Profeta tinha ſeu caracter diverſo, e
por tanto, Moyſés, Jeſu Chriſto tinhão ſido enviados manços, e pacifi-
cos com poder de fazer milagres, e
não obſtante os homens lhes não tinhão obedecido; que elle agora vinha
com o caracter de força, e violencia para ſem milagres, e com a eſpada na mão fazer a vontade do Al-
tiſ-

tiſſimo; e outra vez lhes repetio ſuas
promeſſas, e a coroa do martyrio, ſe
morreſſem por ſua cauſa.

A deſpeito deſte deſengano, e da
confiſsão verbal do pertendido Profeta ácerca dos milagres, não podemos
todavia negar que entre elles haja le-
gendas, que lhe attribuão quantidade
delles. He tradição popular entre os
Muſulmanos: I. Que elle fendêra a
Lua em duas ametades: II. Que as
arvores ſe arrancavão de ſeu lugar para lhe ſahir ao encontro: III. Que
dos ſeus dedos corria agua: IV. Que
as pedras o ſaudavão: V. Que ,ſuſ-
tentava muita gente com pouco alimento: VI. Que hum raio de luz o
acompanhava: VII. Que hum camêlo
ſe lhe queixou: VIII. Que huma coſ-
tela de carneiro o aviſava de que
eſtava envenenada, e outros muitos
aſſáz ridiculiſſimos para ſerem adopta-
dos pelo meſmo Mafoma, ou pelos
ſeus Doutores; e por tanto, todos
elles rejeitão eſta crença, e confeſsão
que nenhum milagre fizera; mas affirmão que a eloquencia do Alcorão, e

a excellencia da fua doutrina equiva-
lem a todos os milagres, pois fôra
compofto por hum homem, que nem
ler, nem efcrever fabia.

O decimo fegundo anno de fua
depravada mifsão he denominado a
Mefra; ifto he, a fua fabulofa jornada noturna de Meca a Jerufalem,
e de lá aos Ceos, cuja narração he
a feguinte. Eftando na cama com fua
mulher *Aifquéa*, ouvio bater á porta ; levantou-fe apreffadamente, e
abrindo-a, encontrou o Anjo S. Gabriel, que eftava armado de fetenta
pares de azas abertas, mais brancas
que a neve; e tranfparentes como o
cryftal : ao pé delle vio a alimaria
Alborak, em a qual, fe diz, que os
Profetas coftumavão fer tranfportados
velozmente, para executarem as ordens de Deos: fegundo a defcripção,
que Mafoma faz de femelhante animal, era elle mais branco que o lei-
te, de grandeza, groffura, e natureza,
que participava de jumento, e mula,
e tão veloz como o relampago, de que
feu nome traz origem.

O

O Anjo faudando Mahomet em nome de Deos lhe diffe com femblante
alegre; que elle o vinha bufcar para
o conduzir aos Ceos , e á prefença
do Altiffimo , aonde veria myfterios
admiraveis , e eftranhos , que a ninguem era permittido ver fenão a elle , e mandou que montaffe o Alborak. A alimaria porém, que affáz era
fogofa , e efpantadiça , e que havia
eftado ociofa defde Jefu Chrifto até
áquelle tempo, não quiz deixar montar Mahomet , fem que efte a affagaf-
fe ; e lhe prometteffe hum lugar no
Paraifo. Confeguio defte modo montar facilmente , e então o Anjo levando-o pela redea o tranfportou inftan-
taneamente de Meca a Jerufalem.

A' fua chegada todos os Profetas , e almas bemaventuradas que antes delle partírão defte mundo , ap-
parecêrão á porta do Templo; todas
o falvárão , e acompanhando-o até á
capella principal, lhe pedírão que ro-
gaffe por ellas, e defapparecêrão. Ao
fahir do Templo encontrou elle, e o
Anjo huma efcada de luz, por onde
fu-

fubírão, e deixárão o Alborak prezo
a hum rochedo até á fua vinda.

Chegados ao primeiro Ceo , batendo o Anjo ás portas , hum porteiro as abrio , e ficou huma entrada
prodigiofa. O primeiro Ceo he todo
de prata pura , diz o impoftor , e as
eftrellas então fufpendidas nelle por
cadêas de ouro ; cada huma he do
tamanho do monte *Nobo* , que eftá
junto a Meca ; ahi virão hum velho
decrepito , que era o noffo primeiro
pai *Adão* , o qual faudando-o , deo
graças a Deos de ter tido hum tão
grande filho , e fe recommendou ás
fuas orações.

Elle nos diz tambem que alli víra huma multidão de Anjos de todas
as efpecies em figura de homens ,
de irracionaes , de aves , e entre os
ultimos , vio hum galo branco como
neve , e de tão defmarcada grandeza ,
que feus pés eftavão poftos fobre o
primeiro Ceo , e a cabeça tocava o fegundo , o qual diftava tanto do primeiro, que precifos erão quinhentos
annos para lá chegar : dizem outros
que

que a fua cabeça chegava á maior altura dos fete Ceos até o Throno de
Deos, que ainda eftava fete vezes mais
elevado que o ultimo Ceo.

Efte quimérico galo tem azas todas
cravejadas de perolas, e carbunculos;
eftão abertas do Oriente para o Occidente, e cobrem huma diftancia, que
correfponde á fua altura. Diffe que
aquelle era o Anjo principal dos galos, e que todas as manhãs, quando
Deos canta hum hymno, acompanhando-o elle, canta tão alto, que
tudo o que habita na terra, á excepção
dos homens, e dos feiticeiros, e todos os moradores do Ceo, o ouvem
diftinctamente. Então todos os galos
do mundo, e os que eftão nos Ceos
lhe refpondem. Os Mahometanos querem que a voz de qualquer homem,
que lê conftantemente o Alcorão, a
dos homens, que rezão todas as ma-
drugadas, e pedem perdão de feus
peccados, e a voz defte galo, fejão
tres vozes, que Deos fempre ouve fa-
voravelmente. Todos eftes delirios, e
quiméras são tirados das fabulas do
Talmud. O

O impoftor diffe que do primeiro Ceo fubíra ao fegundo , que he
diftante do primeiro, e em que me-
deia táo pequeno efpaço , que náo
fe póde tranfitar em quinhentos annos : que efte Cco he de ouro : que
ahi vio Noé , o qual o cumprimen-
tou , e fe recommendou á fua inter-
cefsáo , e que ahi víra mais Anjos
que no primeiro , e que entre elles
havia hum , cuja cabeça chegava ao
terceiro Ceo , o qual eftá a igual diftancia do fegundo , que efte do primeiro , e defte modo todas as mais
diftancias dos Ceos feguintes.

Subíráo ao terceiro Ceo , que he
feito de pedras preciofas : á entrada
delle encontráráo Abraháo, que tambem fe lhe recommendou : ahi vio
muitos mais Anjos que em cada hum
dos precedentes. Entre eftes Anjos havia hum de grandeza táo prodigiofa,
que a diftancia, que havia entre feus
olhos, pedia huma jornada ordinaria
de fetenta dias para fe chegar de hum
a outro. O Anjo Gabriel lhe diffe que
aquelle era o Anjo da morte; porque
tr-

tinha diante de 'fi huma formidavel
meza, fobre a qual efcrevia os nomes
dos que havião nafcer, calculava a duração da fua vida, e quando eftava acabada, elle os derrifcava, e
morrião.

Diffe que de lá partírão para o
quarto Ceo, que todo he fabricado de
efmeraldas: que entrando vio Jeffé, filho de Jacob, que igualmente lhe pedio fuas orações: que vio muitos mais
Anjos que nos Ceos antecedentes: hum
deftes Anjos chegava ao quinto Ceo,
e que laftimava, e chorava effectivamente. O feu guia lhe declarou, que
aquelle chorar, e laftimar era pelos
peccados dos homens, e por caufa da
fua deftruição, a qual era confequencia delles.

Do quarto Ceo fubio ao quinto,
que era de diamante, e nelle encontrou Moyfés, que outro fi lhe pedio
fua mediação, e ahi vio mais Anjos
que em todos os outros.

Do quinto fubio ao fexto, que
diffe fer feito de rubins, e que nelle
encontrára S. João Baptifta, que co-

mo

mo os outros Santos fe recommendou
ás fuas orações : ahi vio maior número de Anjos que nos antecedentes.

Finalmente fubio ao fetimo Ceo,
que todo era compofto de huma luz
divina : ahi foi que vio Jefu Chrifto, a quem o mefmo Mahomet fe
recommendou, e lhe rogou que inter-
cedefle por elle. Defta maneira fe re-
conheceo inferior a Jefu Chrifto, talvez para lifongear os Chriftãos, e lhes
agradar. Diffe mais que ahi vira mais
Anjos, que todos os que compunhão
os feis Ceos antecedentes. O Anjo, que
prefidia, o fez pafmar : que tinha fetenta mil cabeças, em cada cabeça
outras tantas linguas, e cada lingua
pronunciava outras tantas vozes diftin-
ctas a hum tempo, pelas quaes ro-
gava a Deos dia, e noite fem def-
continuação.

Então o Anjo feu conductor lhe
diffe, que a elle lhe era vedado o
paffar adiante, e que por tanto o
aconfelhava que continuaffe elle fó até
o throno de Deos ; o que fez fem
achar obftaculo, paffando por meio

D de

de aguas de neve , &c. até chegar ao lugar, em que ouvio huma voz, que lhe dizia: *Oh Mahomet! falva o teu Creador.* Dahi remontou ainda muito acima, e chegou a hum lugar de luz fummamente denfa, e tão brilhante, que não podia foffrer feu refplendor: era efta a morada do Omnipotente: feu throno eftava ahi collocado : á fua direita eftavão efcriptas eftas palavras Arabes : *Lá Ellab , Ellallab Mahomet refulOllab*, que fignificão: *Não ha outro Deos fenão Deos , e Mahomet he o feu Profeta.* Efte he o fymbolo da fé dos Mahometanos; e diffe mais que aquellas palavras eftavão efcriptas por cima de todas as portas dos fete Ceos, a que fôra levado.

Eftando porém já perto da prefença de Deos, e como a diftancia de dous tiros de efpingarda, continúa a dizer que elle o vira affentado fobre o feu throno, cuberta fua face com fetenta mil veos fobrepoftos : que o Altiffimo lhe fizera a graça de eftender feu fantiffimo braço, e de lhe pôr fua di-
vi-

vina mão fobre o hombro : que tão
fobejamente fria eftava, que fua frial-
dade o penetrou até á medula de feus
offos, e lhe era infupportavel : que
Deos principiára então a converfar
com elle familiarmente, e lhe reve-
lára muitos myfterios occultos, e lhe
fez entender , e conhecer a fua lei :
que lhe incumbíra grande número de
coufas refpectivas á inftrucção do feu
povo, e finalmente lhe concedeo immenfidade de privilegios, que não
deo aos outros homens. Depois difto
fez venia, e fe retirou, e veio ter
com o Anjo guia , o qual o tornou
a encaminhar por entre os Ceos até
chegarem ao Alborak, que elles havião deixado em Jerufalém , e dahi
o guiou até Meca , levando , como
antecedentemente, o Alborak pela ré-
dea, que tudo ifto aconteceo, e foi
feito no curto efpaffo da decima parte de huma noite.

O relatorio, que no feguinte dia
Mafoma fez defta ridicula, e extravagante ficção, o expoz novamente
á irrisão, e defprezo : grande quanti-

D ii   da-

dade de difcipulos feus aborrecendo-fe
delle , como de hum mentirofo abominavel , o defamparáráo com indi-
gnaçáo: outros muitos teriáo feguido
o feu exemplo , fe Abube-Kero , cum-
plice de táo defcarada impoſtura , náo
fizeffe ceffar a revolta , reconhecendo,
e fingindo que dava credito ao ridiculo conto , e difparatada narraçáo
de Mafoma , extrahida tambem das.
fabulas do Talmud.

Ultimamente fendo a fua impoſtura acompanhada fempre , como todas o sáo , de difputas , contençóes ,
e rixas , que elle produzio em Meca , e em outras cidades da Arabia ,
refolvêráo os Magiftrados obviar eſte
mal na propria raiz, dando morte a
Mafoma. Eſte porém , que bem prefu-
mia as intençóes dos Koraiquitas , vifto os feus progreffos , e preceitos , que
fizera ; náo fe dando por feguro em
Meca , tinha refolvido partir para Medina. Antes de fua partida elegeo doze Anfarienes para governarem debaixo das fuas ordens , e para cathequiza-
rem todos os que já tinháo abraçado ,

do, ou de novo abraçaſſem o Muſul-
maniſmo. Os Koraiquitas, que temião
que Mafoma lhes eſcapaſſe, reſolvê-
rão aſſaſſinallo; mas para que não hou-
veſſe receio de que haveria quem quizeſſe vingar ſua morte, ſe aſſentou
que os aſſaſſinios do Profeta foſſem
tirados de todas as differentes Tribus,
e que cada hum deſſe golpe, a fim
de que pareceſſe que toda a Nação
tinha concorrido para a morte do Impoſtor. Não tardou muito que Mafoma o não ſoubeſſe, e cuidou nos meios
de prover a ſua ſegurança. Para aſſim
o conſeguir diſſe a ſeu diſcipulo : *Ali,
deitai-vos na minha cama, cubri-vos
de minha roupa verde, para que pareça que ſou eu quem eſtá deitado.
Eu divulgarei que eſtou moleſto, e
que por tanto eſtou recolhiao.* Semelhante eſtratagema teve o ſeu ventu-
roſo effeito. Mafoma retirou-ſe a tempo que ſeus aſſaſſinos eſperavão que
elle eſtiveſſe na acção de lévantar-ſe,
para cada hum então ter parte em ſua
morte. Elles ſe capacitavão tanto melhor de que não erão enganados, quan-

tas mais vezes efpreitaváo pela porta , e viáo hum vulto com a roupa
do aftuto Profeta.

Quando porém Ali ajuizou que feu
Meftre eftava a falvamento , levantou-fe fummamente receiofo de que
nelle vingaffem a fugida de Mafoma :
mas ainda affim nenhum mal experi-
mentou. Demorou-fe alguns dias em
Meca , e depois foi para a companhia do feu Chefe. Efte, acompanhado de Abube-Kero, refugiou-fe no monte Thurio, aonde efteve occulto tres
dias : feus inimigos náo fe defcuidá-
ráo de o procurar efficazmente , e muito lhe cuftou o efcapar ás fuas dili-
gencias : finalmente chegou a falvamento a Medina, aonde principiou a gozar da tranquillidade , que neceffaria lhe
era para pôr por obra feus vaftos projectos. Efta fugida foi a Epoca da fua
gloria , da fundação do feu Imperio ,
e Religião: he ao que verdadeiramen-
te os Mahometanos chamáo *Egyra* ,
que fignifica fugida , ou perfeguição ,
cujo primeiro dia correfponde a dezefeis de Julho da era Chriftá de 622.

En-

Então foi que o manhoso Impostor
erigio seu primeiro altar , edificando
em Medina huma Mesquita, para nella exercer sua nova Religião. Determinou que todos os calculos de tempo, que ao porvir, se houvessem de
fazer , se contassem do dia daquella
fugida, a qual ficou sendo o principio da era Mahometana.

Occupado em instruir os póvos, e
no estabelecimento de algumas ceremonias da sua Religião , vendo que
não tirava o fruto, que desejava, pareceo-lhe que era tempo de substituir
a força , e violencia ás persuasões,
e aos discursos: motivo este, por que
expressa , e resolutamente passou ordem a seus sequazes , para fazerem
guerra, e passarem á espada todos os
que não quizessem abraçar sua doutrina , menos que não quizessem pagar hum tributo annual.

Os discipulos de Mahomet de muito boamente se sujeitárão ao barbaro
decreto , que efficazes meios de se
enriquecerem lhes ministrava. Sua primeira expedição foi a pilhagem de
hu-

huma caravana, que pertencia a mercadores de Meca ; de forte que os
compatriotas do falfo Profeta forão
os primeiros, contra quem elle fe ar-
mou, commetteo latrocinios, e fez
correrias para os reduzir á fua Religião. Sabendo o Impoftor que Abufofião, de quem já fallámos, voltava
da Syria acompanhado de trinta homens, que conduzião huma caravana,
poz de embofcada fua tropa para o atacar, e roubar. Abufofião, que tivera
noticia mandou avifo aos da fua Tribu
do perigo, em que fe achava. Forão-lhe
mandado pontualmente para adjutorio
novecentos homens de infantaria, e
cem de cavallaria. As forças de Mafoma erão muito inferiores, pois todas ellas montavão a cento e trinta
combatentes. Semelhante difpofição fó
fervio para mais animar fua coragem.
Poz-fe em marcha, confiando muito
na valentia de feus foldados, e eftes
o feguírão animofos na efperança de
que Deos fuppriria a fraqueza do feu
exercito. Cheios defta confiança nafcida
do feu fanatifmo, atacão o inimigo,
def-

defcarregáo fobre elle , e o póe em
defordem , e em vergonhofa derrota.
Efta victoria em fi mefma pouco confideravel deve fer confiderada como
fundamento de todas , que depois fe
feguírão , e que Mafoma ganhou. Qualquer General eftá em eftado da mais
ardua , e temeraria empreza , quando
os feus foldados tem para fi que a
Divindade o protege em fuas acções ,
e fe intereffa em feus acontecimentos.

Em quanto os dous exercitos ba-
talhavão , tinha Mafoma ficado em oração na fua tenda ; mas quando vio
que fua tropa fe punha em retirada ,
correo a animalla : poz-fe em fua frente , e com o alfange na mão , voltado
para o inimigo , em altas vozes pro-
nunciou eftas palavras : *Sejão feus fem-
blantes perturbados , e confundidos* ;
e avançando contra elles , deftemida-
mente os poz em confusão , e obrigou a fugir. Completa a victoria pelo valor de Mafoma , fetenta homens
do exercito de Abufofião ficárão mortos no campo , e outros tantos prifioneiros. Mahomet não perdeo fenão
qua-

quatorze homens. A noticia defta derrota confternou fobre maneira os moradores de Meca, e fez morrer de
paixão Abutalabab, hum dos mais
formidaveis inimigos do falfo Profeta; e contra quem no Alcorão ha
hum capitulo das maldições.

Quando foi tempo de repartir o
faque, renhida difputa houve no exercito dos vencedores. Huns querião ter
maior parte que outros. Para apaziguar
diffensão defta natureza, a qual poderia ter peffimas confequencias, fingio
Mahomet que tivera ordem do Ceo
que lhe' prefcrevia o tomar para fi a
quinta parte dos defpojos, e que re-
partiffe o mais igualmente pelos feus
foldados, ao que ninguem replicou.

Depois de haver reftabelecido a
paz, e harmonia entre os feus fectarios, os mandou pôr em via contra
alguns Judeos da Tribu de Kaino-Kan,
homem de quem affaz eftava queixofo:
de tal forte os véxou, e opprimio, que
forão obrigados a render-fe fem refiften-
cia, e venturofos forão em não experi-
mentarem mais damno que a confifcação
de

de feus bens , porque o vencedor tinha deftino de faciar nelles o feu
odio , e de eftender os limites de
fua vingança.

Em filencio paffo muitas expedições pouco importantes , e continua-
rei fazendo menção da famofa batalha de Ohud. Os Koreishitas formárão hum corpo de tres mil infantes ,
e duzentos cavallos ,. e foi nomeado
Abufofião para feu General. Atemori-
zado Mafoma pelo número de feus
inimigos , efteve perplexo fobre fe os
iria atacar , ou fe ficaffe em Medina. Tomou o primeiro partido , e fa-
hindo da Cidade com novecentos homens de Infantaria , fe avançou até
o lugar fituado entre Méca , e o monte *Ohud*. Poftou ahi fua tropa com a
maior vantagem poffivel , e finalmente
travou batalha. Sincoenta archeiros de
Mahomet , cobiçofos da pilhagem ,
não confervárão feus poftos , e derão
lugar a quem commandava o flanco
dos Koraiquitas a romperem os Mufulmanos com a fua cavallaria. Em
meio da confufão, e defordem , cor-

reo voz de que tinhão matado o feu Profeta. Efte falfo fufurro affrouxou de tal maneira os foldados, que deftroçados fe deixárão penetrar por todas as partes. Mafoma foi ferido por duas pedradas, huma das quaes lhe quebrou os dentes, e outra lhe fez huma leve arranhadura na cara. Se Abufofião fe foubeffe aproveitar de occafião tão favoravel, 'facil lhe feria derrotar inteiramente as tropas do feu adverfario; mas elle fe contentou de lhe pedir tregoas por todo o anno feguinte.

A perda da batalha de *Obud* deo motivo a muitas murmurações. Perguntava-fe ao Profeta como podia acontecer que Deos fe tiveffe declarado contra os 'defenfores do feu culto. Havia muitos, que tendo perdido feus parentes, e amigos na peleja, davão moftras de fincero arrependimento de fe terem aliftado no partido de Mafoma. O manhofo Impoftor não tardou porém muito em cogitar os modos de refponder a huns, e outros. Diffe aos primeiros que convinha attribuir aquella defgraça aos crimes, e peccados

dos de alguns dos feus dífcipulos: que
Deos feparava affim os bons dos perverfos, para daquelle modo fe poderem difcernir os verdadeiros fieis ; e
para fazer calar os outros, lhes promulgou a doutrina do *Deftino*, re-
prefentando-lhes que feus parentes, e
amigos teriáo igualmente morrido,
ainda quando náo tiveffem vindo á
campanha ; porque os dias de todos
os homens eftáo táo bem contados,
que nenhuma precaucáo póde haver,
que conveniente feja para os continuar além do termo perfixo. Como os
Mufulmanos juraváo nas palavras de
feu meftre, e guerreiro Profeta, a per-
fuasáo foi inteira, e a eftupida fub-
mifsáo a toda a fua doutrina produzio
nelles effeitos maravilhofos de valor,
e gentilezas. He principalmente á crença do deftino a quem devemos attribuir a intrepidez, e valentia, com que
os Mufulmanos affrontaváo os maiores
perigos, e que confeguio a Mahomet,
e a feus fucceffores táo rápidas conquiftas.

No principio do quarto anno da
Egy-

Egyra enviou o falso Profeta setenta Anfarienes ao Principe de Nagedo para o convidar, e a feus vaffallos para abraçarem o Mufulmanifmo. Efta deputação teve defgraçadiffimo exito. O Principe começou a refponder mandando matar o primeiro, que lhe propoz a fua commifsão, e depois fe virou contra os outros Deputados, que em premio do feu zelo forão paffados a ferro. Quando Mahomet o foube, fuzilavão feus olhos rancor, e vingança; e preftes fe poz em campo para defagravar a morte de feus Emiffarios. Avifinhárão-fe os contendores: Mafoma porém não encontrou mais que huma tropa de invalidos, que fe puzerão em fuga, logo que fouberão que elle fe aproximava. Mas ainda affim hum delles teve affaz animo para ir ao arraial do pertendido Profeta, a quem fallou, e diffe que fobejo gofto tinha de querer pegar, e beijar feu alfange. Nenhuma dúvida poz Mafoma em lho entregar ás mãos: o Gafranita já fenhor daquella arma a defembainhou com defignio de dar

mor-

morte a Mafoma, ao qual fe arremeçou para affim o execurar. Mafoma
porém teve a felicidade de evitar o
perigo, a que fua imprudencia o acabára de expôr.

Abufofião fempre de mão alçada
contra os Mufulmanos, e mórmente
contra o feu chefe, reclutou hum exercito numerofo compofto de muitas
Tribus de Judeos, de Kenanitas, de
Gaftanitas, e de Koraitas, que todas
montavão a mais de dez mil combatentes. Exercito tão confideravel in-
fundio temor, e medo não fó aos fequazes de Mafoma, mas ao mefmo
pertendido Profeta, que para evitar o
perigo, que o ameaçava, julgou que
feria conveniente entrincheirar-fe em
feu acampamento: affim o fez, e foi
o primeiro, que entre os Arabes fe
fortificou defte modo até então defco-
nhecido náquellas partes do mundo.
Por efte motivo fe ficou denominando
aquella acção a *guerra dos fóffos.*

Mafoma efteve fitiado no feu acampamento vinte dias, que todos fe paffárão em efcaramuças. *Amru*, que en-

tão era reputado pelo melhor cavalleiro do feu tempo, quiz dar hum ef-
pectaculo aos dous exercitos, e finaes
da fua deftreza, e valor. Correo á redea folta por cima do entrincheira-
mento do exercito inimigo, e defa-
fiou o mais valente de todos para hum
combate fingular. Ali, ainda que fobrinho de *Amru*, acceitou o defafio.
Antes da pendencia jurárão mutuamente, que não fe pouparia hum ao outro, e defempenhárão fua palavra, ficando Ali victoriofo. Efte aconteci-
mento foi como prefagio da total derrota do exercito de Abufofião. Mahomet confeguio huma victoria tanto
mais notavel, fegundo os Mufulmanos, que foi o mefmo Deos, que
para poupar o fangue dos fieis, lha
concedeo por meio de ventos impetuofos, que levárão pelos ares as tendas,
e derribárão as obras dos Koraiquitas,
e obrigou tanto a elles, como a feus
alliados a irem confufamente bufcar
afylo em fuas proprias cafas.

Soube Mahomet aproveitar-fe da
fua victoria. Fingio, e publicou que
ti-

tivera aviſo do Ceo para ir atacar
a Tribu dos Koraitas. Depois de haver
tomado com Ali as medidas convenientes para o fazer com acerto, marchou
contra ſeus inimigos, poz-lhes cerco,
que durou vinte e ſinco dias, e táo
fortemente os opprimio, que ſe víráo
obrigados a render-ſe á diſcrição.
Os deſgraçados prizioneiros, ſetecen-
tos em número, eſperaváo que o vencedor ſe ſatisfizeſſe em ſómente lhes
aprehender ſeus bens, e lhes conce-
deſſe a vida; mas enganou-os ſua eſperança. Mafoma, dando fingidas moſtras de náo querer decidir da ſua ſorte a encarregou a *Saad* ſeu Lugar-Tenente, o qual elle bem ſabia quáo
irado eſtava contra os Koraitas, por
cauſa de huma ferida, que havia recebido no tempo da *guerra dos fóſſos*.
O vingativo Saad mandou que todos
os homens foſſem degolados; as mulheres, e ſeus filhos reduzidos á eſ-
cravidáo, e ſeus bens diſtribuidos pelos vencedores. Eſta deſpiedada ordem teve prompta execução, e pouco depois de ſaciar ſua vingança,

E   mor-

morreo Saad da ferida, que tinha recebido. Entre aquelles efcravos, fe
achou huma mulher de rara formo-
fura, a qual foi levada a Mafoma,
e elle a admittio em número de fuas
concubinas.

O falfo, e fanhudo Profeta, ani-
mado pelo fucceffo de humas fe aven-
turava a outras emprezas : atacou a
Tribu dos Motalequiftas, e o acon-
tecimento correfpondeo aos que a fortuna até alli lhe concedêra : derrotada
efta Tribu, lhe foi aprefentada outra
mulher ainda de mais tentadora belleza que a precedente : era ella filha
de huma perfonagem por nome Mof-
talek, e chamava-fe Geofira. O voluptuofo Mafoma avaliou em mais efta
matrona, que a gloria da acção, em
que triunfára : admittio-a no número
de fuas mulheres, e poz em liberdade cem parentes della, os quaes tinhão ficado prizioneiros naquelle mefmo combate.

Quafi neffe mefmo tempo foi que
a mais moça de todas as fuas mulheres, por nome Aiesha, fe fez fufpei-
to-

tofa de adulterio com certo mance-
bó, que fempre a acompanhava, e fe-
guia. Foi aconfelhado Mafoma para
repudiar huma conforte, que tanto o
deshonrava; mas o impudico Profeta,
que não tinha coração para fe apartar de huma mulher, a quem amava
ternamente, e que a hum tempo queria purificar a reputação de fua honra, portou-fe de hum modo tão fa-
gaz, como fuperfticiofo em materia
tão delicada. Suppoz ter certa revelação do Ceo, pela qual ficára a innocencia de Aiesha plenamente juftifica-
da, e mandou dar oitenta açoutes em
cada hum dos que lhe havião aconfelhado o repudio.

Todas as emprezas do Impoftor
erão acompanhadas dos mais ditofos
fucceffos. Querendo utilizar-fe da fua
felicidade, e da confiança que nelle
tinhão fuas tropas, marchou com mil
e quatrocentos homens a pôr affedio
á cidade de Méca. Todos os feus nacionaes lhe proteftárão a firme refolução em que eftavão de lhe não dar
entrada. Mahomet lhes reprefentou que
el-

elle não emprehendêra aquella jornada, senão para praticar suas devoções
no lugar do seu nascimento. Os Mequenses não se deixárão illudir por
este capcioso pretexto ; mas todavia
como receavão serem forçados , pro-
puzerão huma tregoa, que o falso Profeta acceitou com subejo aborrecimento da parte das suas tropas, as quaes
esperavão enriquecer na pilhagem. Eis-
aqui pois quaes forão as condições
do tratado. Que se algum houvesse entre os Koraiquitas, que se quizesse al-
liar a Mafoma, o poderia então fazer
com toda a segurança : que igualmente de todos os sequazes de Mahomet, os que se quizessem retirar para Méca , ou para a Tribu dos Koreishitas o poderião fazer livremente :
que se porém ao depois algum habi-
tador de Méca passasse para o exercito de Mahomet, este seria obrigado a entregallo : finalmente que o falso
Profeta , e todos os seus poderião entrar , e sahir da cidade , com tanto
que fosse sempre sem armas , e que
nenhum se demorasse nella de cada

vez mais de tres dias. Os feus folda-
dos não |ficáráo muito contentes com
efte pacto pelas razóes, que já apontá-
mos; mas o infatigavel, e ardilofo
General, que em tudo pefquizava os
modos de os fatisfazer, publicou que
irião atacar a Tribu dos Judeos de
Chaibar, o que muito focegou feus
animos, na efperança de que ainda
terião melhor faque, do que em Meca.

Era chegado o fetimo anno de fua
Egyra, quando poz em marcha feu
exercito contra Chaibar. Poz cerco a
efta praça, e ao fim de dez dias fe
apoderou della, e de huma gentil, e
formofa mulher chamada *Safia*, a qual,
não obftante eftar contratada com hum
Principe daquella Tribu, invalidou os
efponfaes de propria vontade, e paffou a fer mulher do Conquiftador da
Afia; mas o fruto defta conquifta foi
o principio da morte do voluptuofo
Profeta. Havia-fe elle alojado em cafa de hum dos principaes moradores
daquella cidade chamado *Horeth*, cuja filha *Zamath*, querendo examinar
fe Mafoma era verdadeiro Profeta, no
acto

acto de lhe preparar a cêa envene-
nou huma coftela de carneiro, para que
comendo-a elle , ficaffe ella defenga-
nada ; pois affim difcorria Zamath. Se
efte homem he Profeta , ha de conhecer que a coftela eftá envenenada , e
não a comerá; fe porém não he Profeta , ha de comella , e morrer , e eis-
que tenho feito grandes ferviços ao
mundo em defterrar delle homem tão
barbaro , e tão cruel. Alguns querem
que a dita coftela fallaffe , e o avi-
faffe de que eftava envenenada ; mas
parece que ifto aconteceria já muito
tarde; por quanto hum certo *Basbe-
ro*, homem de fua comitiva , e com-
menfal com elle , tendo comido como
quem goftava , repentinamente cahio
morto; e fe o falfo Profeta não ex-
perimentou logo a mefma forte , foi
porque não lhe fendo affeiçoado , pouco tinha comido; mas a pezar de toda a precaução , que depois tomou ,
fempre lhe fez muito mal ; porque
defde então fempre ficou achacado , e
ao fim de tres annos morreo , como
ao depois fe verá.

De

Depois da tomada de Chaibar, e de mais algumas cidades, que pertenciáo aos Judeos, voltou Mahomet para Medina, aonde achou feus amados difcipulos, que no principio de fua miſsáo fe foráo refugiar na Ethiopia. Mahomet fe alegrou muitiſſimo de os ver, e em reconhecimento do zelo, que fempre moſtráráo a favor de feus intereſſes, e doutrina, os fez entrar na partilha do faque de Chaibar.

Al-Nagiasle, Rei da Ethiopia, confervava com o Profeta táo íntima amizade, que nada lhe pareceo offufcar fua authoridade o fazer que Mahomet recebeſſe para o número de fuas mulheres huma filha de Abufofiáo, viuva de Abdolla, a qual tinha bufcado afylo com feu efpofo na Ethiopia. Mafoma, que fempre andava follicito, e cuidadofo dos meios de fe fazer Senhor de Méca, contratou efta alliança para ter da fua parte o chefe dos Koraiquitas, e na efperança de que Abufofiáo refpeitaria na peſſoa de hum genro o mais tremendo inimigo.

O vençedor barbaro, e guerreiro

ſ4

já fenhor de quafi toda a Arabia , e
temerofo a todos os feus vizinhos; fe
julgou affaz forte para poder eftender
fuas conquiftas , e Religiáo até aos
Gregos, e aos Perfas : principiou mandando Embaixadores a todos os Principes de fuas vizinhanças , para os
convidar a abraçarem o Mufulmanifmo. Cofrú, Rei da Perfia , foi o primeiro, que recebeo efte convite ; mas
bem longe de lhe dar refpofta favoravel, raivofo de ver que hum feu ef-
cravo tivera a oufadia de lhe efcrever , rafgou a carta, que tinha recebido na prefença do mefmo Emiffarios ,
que lha entregára. Defte modo attrahio a fi a maldiçáo do Profeta , que
nada mais refpondeo a efte defprezo ,
quando o foube, fenáo que Deos def-
pedaçaria o Reino do Perfa, bem como elle tinha defpedaçado a fua carta. O fegundo, a quem Mafoma efcre-
veo, foi Heraclio Imperador dos Romanos, o qual agafalhou bem feu Embaixador; e o defpedio cólmeado de
prefentes para o feu Profeta. O terceiro foi o Principe de Coptias ,Al-
Mo-

Mo-Kawhas, que governava o Egypto debaixo da dominação de Heraclio, e que ao depois se fez Musulmano pela direcção do Gráo-Calife Omar. Como bem conhecia a amorosa, e torpe paixão de Mahomet, enviou-lhe huma rapariga assaz bella por nome Maria. Presente desta natureza foi de sobejo agrado para o impudico Profeta, o qual a antepoz a todas as suas antigas mulheres. O quarto foi ElRei de Abisinia, que já tinha abraçado o Mahometismo. O quinto foi Al-Haret, Principe Gassanita, que reinava em huma parte da Arabia, e que respondeo indignado que elle iria em pessoa visitar o Profeta, segundo parece, com hum exercito, pois Mafoma se mostrou summamente pezaroso \ desta resposta. O sexto foi Howada, Rei de Yemena; este recusou logo o ir á presença do Profeta, conforme elle lhe pedia na sua carta; o que não obstante sempre ao depois foi, e fez profissão do Musulmanismo; mas, assim que chegou a seus estados, o tornou a desprezar. O setimo foi Mondar, que
era

era Rei de Alhahraim no Golfo Perſico. Eſte abraçou a doutrina do falſo Profeta, e todos os ſeus vaſſallos ſeguíráo o ſeu exemplo.

No oitavo anno da Egyra, mandou marchar contra os habitadores de Muta, cidade da Syria, e dominio dos Romanos, hum corpo de trópas de tres mil homens, a quem deo para Generaes Zaid, Giafar, e Abdolla, para que, ſe o primeiro morreſſe, o ſegundo o ſubſtituiſſe; e ſe eſte foſſe tambem morto, o terceiro lhe ſuccedeſſe. Querem os Arabes que o exercito do inimigo foſſe de cem mil combatentes, o que não he veroſimil; mas parece que com effeito elle era muito ſuperior em número ao dos Muſulmanos. Eſtes todavia ficáráo vencedores depois de hum denodado combate. Os tres Generaes, que Mahomet tinha nomeado, forão mortos no calor da acção, e Caleb foi eleito em ſeu lugar por unanime conſentimento de todo o exercito, e com effeito moſtrou por ſua agilidade, e valor que fôra digno daquella eleição. Reti-

tirou-fe para Medina com fuas tropas
victoriofas; e depois de haver enter-
necido Mahomet pela relação, que lhe
fez das circumftancias da batalha, e
morte dos feus tres Generaes, recebeo delle o epitheto de *Efpada de
Deos.*

Como os Koreishitas fe lembraf-
fem de querer romper as treguas, que
tinhão feito com Mafoma, Abufofião
para evitar as confequencias defta ir-
rupção, foi mefmo em peffoa a Medina, na efperança de apaziguar feu
genro, e de encontrar em fua filha
efficaz intercefsão para com o Cori-
féo dos Mufulmanos, e depravado
Profeta; mas depois de haver inftado
inutilmente para obter delle huma refpofta favoravel, tornou outra vez para Méca tão defcontente de feu genro, como indignado contra fua filha,
que apenas fe dignou fallar-lhe, e fe
atreveo a injuriallo, dizendo-lhe que
elle era idolatra, e que feu marido
era o Apoftolo de Deos.

O manhofo Mafoma não deixou
perder tão boa occafião de fe fazer
fe-

senhor de Méca. Fez seus preparativos tanto em segredo que quasi podemos dizer, que chegou ás portas da cidade, antes della ter noticia da sua marcha. Não embaraçou porém a *Ateb*, hum dos chefes do exercito Musulmano, que os Mequenses fossem avisados da cilada, que se lhes armava. Compadecido das desgraças, que sua patria hia experimentar, avisou os Koraiquitas dos designios de Mahomet. Para que sua carta lhes fosse entregue com mais segurança, remetteo-a por huma sua escrava, a quem poz logo em via. Sciente Mahomet desta traição, mandou prender a escrava, e havendo á mão a carta de Hateb, mandou-o chamar, e apresentando-lha, lhe perguntou porque motivo se fazia elle réo de tão torpe, e abominavel delicto. Hateb se justificou o melhor que pode, e Mafoma lhe perdoou.

Estando pois já o falso Profeta a distancia de huma jornada de Méca, mandou acampar o seu exercito que era de dez mil homens: encarregou

a Omar as guardas de campo : ordenou que em toda a noite fe alumiaf-
fe a campanha , e que fe poftaffem
guardas de maneira que nimguem pudeffe entrar na cidade. All-Abbas, tio
de Mafoma , que refidia ainda em
Méca , pofto que profeffava a doutrina de feu fobrinho, perfuadio Abufofião a que foffe vifitar o Impoftor,
que lhe rendeffe homenagem como a
feu legitimo Soberano, e a que abra-
çaffe a fua Religião. Abufofião tomou
efte confelho , e poz-fe a caminho com
All-Abbas ; e ambos forão deitar-fe
aos pés do maligno Profeta. E quáo
grande confolação , e regozijo não teria Mafoma de ver abatido, e humi-
lhado a feus pés o feu maior, e mais
irreconciliavel inimigo , e de o ter
conftrangido a vir-fe offerecer para
fer admittido no número dos feus fectarios !

Tendo finalmente Mafoma trazido
ao feu partido o cabeça da Tribu dos
Koraiquitas , levantou feu arraial, e
continuando fua marcha para Méca.,
lhe poz cerco. Bem a defpeito da vi-
go-

gorofa defenfa de feus habitadores ;
fe apoderou logo della. O feu primeiro cuidado foi de abolir inteiramente
o culto dos idolos, e para efte effeito derribou por terra todos os fimu-
lacros, que tinhão fido o objecto da
veneração dos Idolatras. Vendo porém
que todos os feus fequazes tiverão fempre huma veneração fuperfticiofa para
o feu templo , e que a peregrinação
de Méca continha já huma parte do
antigo culto dos Arabes Pagáos , os
quaes alli vinhão huma vez cada anno adorar fuas divindades, em templo de tanta confideração, e refpeito
entre elles , como o de Delfos entre os
Gregos, julgou que era. muito conveniente o confervar-lhes feus privilegios ;
e por confequencia ordenou a feus difcipulos que fempre oraffem , tendo feu
rofto virado para a parte de Méca,
cujo templo elle queria que foffe o
lugar principal do culto , e ao qual
elles irião fazer fuas peregrinações
como no tempo paffado. Para dar mais
fublime idéa daquelle templo, engran-
decello, e augmentar-lhe o refpeito ;

e

e a reputação, o malvado Impoftor os capacitou de que defde toda a eternidade elle fôra edificado no Ceo, para que os Anjos adoraffem nelle a Deos, que nelle mefmo Adão adorára a Deos no Paraifo; mas que quando fôra lançado fóra pelo Anjo, pedíra permifsáo a Deos de edificar outro femelhante fobre a terra : que Deos lho concedêra, e que para efte fim lhe enviára o feu profpecto configurado em fuperficies, ou cortinas de luz, pelo qual Adão mandára edificar aquelle de Méca, e outras muitas ridicularias, e extravagantes pérfuasóes. Depois de fe ter defembaraçado das funçóes Religiofas, então fe fez acclamar Rei, fem renunciar o caracter de chefe da Religião, e de Profeta, e fem mais contemporizar com féus fectarios, e compatriotas, mandou dar morte a algumas peffoas que fe tinháo moftrado mais indignadas contra elle antes, e na acção do affedio. As defgraçadas victimas da vingança do iracundo Mafoma foráo dez, feis homens, e quatro mulheres. A maior

par-

parte dos Mequenses se subtrahió à morte abraçando o Mahometismo.

Tendo pois o falso Profeta posto tudo em ordem a seu arbitrio em Méca, residindo nella em pacifica posse, mandou Chaleb com tropas para sollicitar os habitadores dos Cantóes visinhos a se sugeitarem ao seu imperio, e abraçarem sua Religião; mas prohibio-lhes vias algumas, que não fossem a brandura, e persuasão. Chaleb porém não se conformou com as intençóes do seu Rei. Para vingar a morte de hum tio seu, que fôra morto pelos Giadimitas, passou todos estes desgraçados ao fio da espada, não obstante terem-lhe sahido ao encontro á pedirem a paz, e elle ter-lhes promettido a posse pacifica de seus bens, e de suas vidas, com tanto que professassem a lei de Mahomet. O Profeta desapprovou alta, e poderosamente aquella acção do seu official, e tomou a Deos por testemunha da sua innocencia. Para de algum modo diminuir o mal, que Chaleb tinha feito, mandou seu genro Ali para a Tribu que

el-

elle tratára tão desapiadadamente , e deo-lhe ordem , que pagasse aos parentes dos mortos o preço do sangue , que havia sido derramado. A equidade pedia que se castigasse severamente o author de tão sanguinolenta carnagem ; mas não quiz Mafoma perder hum homem , de quem tinha recebido , e ainda podia esperar grandes serviços.

O Pontifice guerreiro , chefe dos Musulmanos , via-se obrigado a estar sempre em armas. Effectivamente tinha inimigos , que combater. Muitas Tribus reunírão suas forças debaixo do commandamento de hum tal Malec com intento de suspenderem as conquistas do denominado Profeta , e de se subtrahirem á sua dominação. Mafoma sahio de Méca para as ir atacar com hum corpo de doze mil homens : os dous exercitos se avistárão no valle de Honaina. O de Mafoma era muito superior ao das Tribus , pois este não chegava a oito mil combatentes. Parecia ao Impostor , que não haveria mister mais do que

F   apre-

apresentar-se elle com o seu exercito,
para o terror de suas armas affugentar
seus inimigos ; mas enganou-o sua
presumpção, porque travando-se batalha, teve o susto, e mortificação de
ver suas tropas em desordenada confusão , e derrota no primeiro ataque.
Afflicto se vio, mas o presentaneo uso,
que soubera fazer da sua habilidade,
e maximas , conseguio-lhe a muito
custo pôr outra vez em boa ordem
os seus soldados, e reforçando o ataque , obrigou seus inimigos a fugir
huns após outros : foi sobremodo grande a mortandade de huma , e outra
parte, e o saque foi considerabilissi-
mo, como tambem o número dos pri-
sioneiros.

Depois desta victoria foi pôr cerco a Taife , de que nenhum fruto tirou por não poder conquistalla. Levantou o sitio , e foi aquartelar-se em
huma cidade de suas visinhanças , na
qual tinha arrecadado o saque , que
fizera na batalha de Honaina. As Tribus alliadas , que elle tinha vencido,
e saqueado, lhe mandárão Embaixa-
do-

dores, para que quizeffe entregar-lhes
fuas mulheres, e filhos, e tudo o mais,
que comfigo tinhão levado. O General Malec foi entregue de tudo o que
lhe pertencia, porque fe fez Mufulmano, e quanto ao mais, reftituio os
prifioneiros defpojados de todos os
feus bens. A repartição do faque motivou grandes murmuraçóes, e difputas no exercito dos Mufulmanos, mas
o feu pertendido Profeta teve arte de
lhes focegar os animos.

O nono anno da Egyra he memoravel pelas differentes Embaixadas,
que os Principes da Arabia enviárão
a Mafoma, tanto para o congratular
ácerca de fuas conquiftas; como para
fe reconhecerem feus tributarios. Bem
a feu defpeito conhecêrão elles, que
não eftavão em eftado de refiftir a
inimigo tão poderofo; e por tanto
mais quizerão fugeitar-fe voluntariamente, do que exporem-fe a huma
guerra, cujas confequencias lhes poderião fer de funefto pezar.

Subjugada já quafi toda a Afia,
formou Mahomet o defigno de in-

tro-

troduzir na Affyria fuas tropas victoriofas , e de ir atacar. os Romanos.
Não efcondeo, nem diffimulou, como
ordinariamente fuccede, aos feus foldados as fadigas , e os perigos, a que efta
expedição os expunha , e por efta
caufa elles fe moftrárão defcontentiffi-
mos; mas os principaes Officiaes derão evidentes provas de zelo , e de
ardor para huma empreza , cujo fuc-
çeffo os havia de encher de gloria ,
e immortalizar feus nomes. Tendo
alentado com feu, exemplo o animo
dos foldados , Mahomet fe poz em
campo nos mais activos calores do
verão com vinte mil homens de Infantaria , e dez mil de Cavallaria. Depois de muitos dias de marcha , chegou á cidade de Tabuco, pertencen-
te ao Imperador Grego., da qual fe
apoderou logo , e nella recebeo as
Embaixadas de muitos Principes chriftãos , que fe obrigárão a pagar-lhe
hum tributo annual para os deixar na
pacifica, e fegura poffe de feus eftados. E aqui vemos como hum def-
prefivel negociante de Méca, chegou

a

a ir accommetter em feus mefmos
Thronos aos defcendentes de Cefar:
a tanto o elevou a fuperftição dos
Arabes , a eftupida credulidade dos
homens!

Mahomet depois da fua expedição
da Syria , recolheo-fe a Medina , aonde achou enviados da cidade de Taife , que vinhão offerecer feus moradores á fujeição do feu Imperio , com
tanto que fe lhes deixaffe livre per-
miffáo de render culto religiofo ao
feu idolo. O Profeta de nenhum modo o quiz confentir , e exigio huma
fubmiffáo pura , inteira, e fimples á
fua doutrina. O poder do malvado Mafoma tinha-fe feito táo formidavel,
que ninguem fe atrevia a refiftir-lhe,
de forte que acabou de eftabelecer
o feu Imperio, e a fua Religião em
todas as Provincias da Arabia. Depois
de haver tomado todas as medidas
neceffarias para confervar o extenfo
dominio de fuas conquiftas , veio a
Méca para fatisfazer ao preceito da
peregrinação, que elle mefmo eftabe-
lecêra. Accrefcentou algumas ceremonias

nias ás primeiras , que elle já tinha
eftabelecido , fez muitas exhortaçóes
aos póvos, que tinháo concorrido para verem o feu novo fenhor , e quando foi tempo voltou para Medina. Efta jornada de Mafoma a Méca he
conhecida entre os Mufulmanos pela
Peregrinaçãe do ultimo adeos; porque foi a derradeira, que o feu Profeta fez.

Finalmente acabou Mafoma de eftabelecer o feu Imperio, e a fua Religião em todas as Provincias da Arabia., para as quaes mandou feus Lugares-Tenentes, affim para o governo
civil, e militar, como tambem para
abolirem o antigo culto, e confirma-
rem fua Religião.

Chegou finalmente o tempo, em
que o temerofo, e falfo Profeta, depois de haver eftendido fuas conquiftas, e fua Religião até á diftancia de
quatrocentas leguas de Medina para
o Levante, e para o Meio-dia, entra
a fentir o mortal effeito do veneno,
que lhe miniftrárão em Chaibar , e
que, depois que o recebêra, tanto o
obri-

obrigára a padecer até então, que
fufcitando-lhe infupportaveis dores,
lhe excitou ardentiffima febre. Nos
primeiros dias de fua activiffima enfermidade náo faltou a ir á Mefquita nas horas de oração. Quando conheceo, que feu mal fe augmentava,
mandou vir á fua prefença os principaes Anferienes, e lhes recommendou eftas duas coufas. I. Que náo fof-
freffem na Arabia homem, que foffe idolatra. II. Que concedeffem os
mefmos privilegios, que elles goza-
váo, a todos os que quizeffem profef-
far fua Religiáo. Eftas foráo as ultimas vozes concertadas, que o enve-
nenado Profeta proferio, pois dahi
paffou a eftado dilirante : affim mefmo pedia penna, e tinteiro para efcrever, fegundo elle dizia, hum livro, cuja leitura deveria prefervar feus
difcipulos de todos os erros; mas Omar
prohibio que fe lhe levaffe, dizendo, que o Alcoráo era de fobejo. A
fim de quinze dias de doença, morreo Mafoma em Medina, tendo de
idade 62, 63, ou 64 annos, no vi-
ge-

gefimo terceiro da ufurpação de qualidade de Profeta , no undecimo da
Egyra; e na Era de Jefu Chrifto de
632. A maior parte de feus fequazes
não fe querião capacitar de que elle
acabára de viver, nem confentir, que
o enterraffem. Omar, que de feu ob-
ftinado perfeguidor , fe tornou feu
Apoftolo, e que era daquelle mefino
parecer, declarou em altas vozes com o
alfange na mão defembainhado, que
elle faria em quartos a todo aquelle,
que fe affoitaffe a affirmar que Mafoma tinha morrido , por quanto o
Profeta de Deos não podia morrer.
Abube-Kero porém não quiz deixar
Omar, nem o povo nefta eftupida per-
fuasão: provou com paffagens do mefmo Alcorão, que Mafoma á maneira
dos mais homens , devia tambem morrer, e tirou a todos os affiftentes de
feu enthufiaftico, e ridiculo erro. Diverfas conteftações houverão ácerca do
lugar , em que fe havia depofitar o
corpo de Mahomet, e finalmente foi
fepultado na camara de fua mulher
Aieza, aonde elle mefmo quiz morrer.

rer. Muita gente ainda hoje crê, que o corpo de Mafoma, sendo fechado em hum tumulo de ferro, e transferido para huma capella, cujas paredes estavão revestidas de pedras de *Iman*, tinha o tumulo ficado suspendido no ar em virtude do esforço respectivo da attracção de todas as pedras. A pezar de bastantes Escriptores terem refutado esta fabula, ella todavia mofa da credulidade, não só do vulgo ignorante, mas tambem de alguns presumidos engenhos.

Quando se considerão os rápidos progressos do Mahometismo, he de pasmar, que hum só homem, hum méio particular podesse em tão breve tempo mudar a face do Universo. Mafoma não sahiria tão bem de sua mofina empreza, nem com tanta facilidade teria de seu arduo designio satisfação acabada, se as circumstancias lhe não fossem tão favoraveis. Os Ethiopios, que naquelle tempo erão Christãos, e os Persas tinhão invadido diversos Cantões da Arabia, ao mesmo tempo que os Romanos forcejavão quanto

to

to podião para os attenuar por outra
parte, e que os Judeos tinhão pene-
trado até o centro do paiz. Ora como eftes differentes póvos pertendião
todos introduzir a fua Religião na
Arabia, o que fe encaminhava def-
cortinadamente a deftruir todas as antigas tradições, e as nações commummente recebidas. Mafoma, que emprehendeo a defenfa dellas, e que
as foube confervar, fazendo-as entrar
no feu novo fyftema com muitos Dogmas dos Judeos, e dos Chriftãos,
conciliou muito melhor os animos,
que outra nenhuma feita o poderia
fazer. Querendo o Impoftor erigir-fe
em Profeta, não bufcou deftruir de todo
a crença de feus compatriotas: antes pelo contrario a fua antiga crença fervio de bafe, e fundamento ao novo, e
infernal edificio, que elle queria con-
ftruir. Mas admirando a fua fagacida-
de, fimulação, e aftucia; que horror
nos não deve infpirar hum homem,
cuja temeraria impoftura foi tão damnofa, e funefta ao genero humano!
Que de rios de fangue não fez elle
cor-

correr fobre a terra ? Que perturba-
ções não excitou elle no mundo? Sim,
o Mahometifmo foi quem tragou de
repente toda a Chriftandade do Oriente; quem deftruio os mais antigos, e
os mais bem fundados Imperios; quem
arruinou quantidade innumeravel de
cidades illuftres; e quem fez perecer
muitiffimos milhares de homens, a quem
fe queria converter a ferro, e fogo.

Os affoladores do Imperio Ro-
mano, por mais barbaros, que forão,
não caufárão no mundo tantas ruinas,
e defolação. Sempre fe quizerão aproveitar da favoravel fituação dos Eftados, aonde a fua fortuna os tinha
conduzido. Deixando fua gelada, ef-
teril, e inculta patria, achárão debaixo de outro clima riquezas, que elles não conhecião; porém menos com-
movidos por efte objecto, que pelo
nobre defejo de adquirir conhecimentos, adoptárão a Religião, e os coftumes dos póvos, que tinhão fubjú-
gado; de forte que fe tiveffem tempo de fe polir, e civilizar nos lugares, que occupavão, talvez que pouco,

co, ou nada fe vieffe no conhecimento de fua invasão; mas outros barbaros, que os repulfárão, fizerão, que em tres feculos confecutivos não eftiveffe o Occidente fubmettido fenão a conquiftadores tranfitorios, os quaes fe vião obrigados a fazerem mais mal aos territorios, que deixavão, que fua inclinação os movia a fazello áquelles, aonde chegavão. Os Arabes pelo contrario femeárão mais defgraças no mundo, e derramárão nelle mais deleixamento, e devaffidão, preguiça, e ignorancia, que a maior capacidade dos Gregos, e dos Romanos tinha deffipado no decurfo de quinze, ou vinte feculos. Aquelles furiofos Mufulmanos tiverão o cruel gofto de deftruirem as Bibliothecas, e todos os monumentos confagrados á gloria das acçóes dos grandes homens. Ninguem haverá, que fe lembre fem dor, e fummo pezar do funefto incendio da famofa Bibliotheca de Alexandria, compofta havia tantos feculos por muitos Reis entendidos, e poderofos, e augmentada fucceffivamente em cada idade de pelos homens mais fabios daquelles tempos. Era ella o thefouro univerfal de toda a hiftoria do mundo, das opiniões de todos os Filofofos; de todas as pefquizas naturaes, e de todos os conhecimentos, a que os homens podião ter chegado pelo eftudo, meditação, e experiencia: incendio, que não fe póde attribuir, nem ao calor de huma acção guerreira, nem á vingança do foldado fatigado de hum prolixo cerco, nem ao rigor, e aufteridade do General, que havia tomado Alexandria; mas unicamente ao capricho, e fuperftição do velho Omar, fegundo Califa, que depois de fe apoderar da cidade, confultado fobre o que fe faria de tão grande multidão de livros, refpondeo, que convinha queimallos, porque o Alcorão fó por fi era baftante, e fuppria todos os livros. Com effeito efta ordem fe executou, e tão grande quantidade, e variedade de livros, juntos com tanto cuidado, e defpeza, fervio para aquentar os banhos de Alexandria por efpaço de quafi outo mezes. Perda irre-

reparavel , e que cuſtou ao mundo
ainda mais , que o cumulo dos eſtra-
gos, que todos os Barbaros produzí-
ráo. Foi o fanatiſmo quem excitou os
Arabes a ſemelhantes exceſſos : fanatiſmo occaſionado pela eſtimaçáo , e
apreço eſtulto, que faziáo do ſeu Alcoráo, que elles conſideraváo como a
mais ſublime obra da ſabedoria de
Deos, e como unico , o qual ſó era
digno de fixar a attençáo dos homens.
Eſta meſma opiniáo era o principio
do deſprezo, que os Muſulmanos faziáo antigamente das ſciencias. Cumpre agora dar a conhecer o genio ,
os uſos , e coſtumes daquelle povò ,
que adoptou a Religiáo de Mahomet ,
e que a propagou por grande parte
do Univerſo.

A Arabia he huma grande Penin-
ſula da Aſia , terminada ao Septen-
triáo pela Turquia ; ao Oriente pelo
Golfo, ou mar da Perſia ; ao Meio-
dia pelo Oceano Indiano ; ao Poente
pelo mar vermelho, e pelo Iſthmo de
Suez. O eſpaço , que junta a Arabia
ao continente, he territorio horrivel ,

e

e medonho por seus vastos desertos, inhabitado, e inhabitavel, por causa da profunda aréa, que o cobre, e por ser ahi a agua tão mesquinha, e rara, que hum poço constitue a riqueza essencial de huma povoação de quinze leguas em redondo. Divide-se a Arabia em tres partes, a saber: Arabia Feliz, que não merece o epitheto, que francamente se lhe dá, senão comparativamente ás outras duas partes, situada debaixo de hum, clima aonde os calores são excessivos, não he inteiramente habitada senão em lugares, aonde as sombras dos montes, e as aguas, que sahem delles em algumas partes, alivião, e refrigerão de algum modo seus habitadores. Arabia Deserta, e Arabia Petrea. Em qualquer destas de nenhum modo he mitigado, nem suavisado o calor. A terra sempre árida, e esquentada não offerece mais, que aréas, e rochedos.

Os Arabes pela situação de seus territorios estavão separados de toda a mais gente; mas a falta de communicação com os outros habitadores do

mun-

mundo não tinha acanhado nem feus conhecimentos, nem fuas luzes. Em todo o tempo cultivárão fempre as fciencias mais úteis, e mais relevantes. Fizerão nellas grandes progreffos fem o foccorro dos defcubrimentos das outras Nações, tendo nelles produzido a attenção unicamente o que a prolixa experiencia fez conhecer aos outros póvos. Applicando-fe porém aos conhecimentos fublimes, não defprezárão os que poderião fer de ufo mais commum, e ordinario. Adornáião feu idioma das bellezas mais delicadas, e encantadoras da eloquencia, e da Poefia, tendo hum gofto genuino, e admiravel, tanto para produzirem penfamentos viviffimos, e engenhofos, como para os exprimir em verfo, e em profa com exacção, regularidade, e felecção de termos exquifita, e de fingular dignidade; aquelle maravilhofo talento não era fruto do eftudo, mas de huma educação corrente, adminiftrada em fuas proprias familias debaixo da vigia, e direcção dos mais anciãos, que não tinhão
apren-

aprendido fenão de feus pais a corte-
zia, e urbanidade, que tranfmittião a
feus filhos.

A conftituição natural [dos Arabes
era a mais robufta, e a mais forte.
A fobriedáde, e trabalho, a que fe
acoftumaváo defde a mais tenra idade, junto á pureza do ar, que re-
fpiraváo, e ao calor do clima, que
lhes caufava huma tranfpiração fufficiente, confervava fua robuftez, e faude até decrepita idade. Em confequencia defta difpofição do corpo, feu
juizo era ordinariamente folido, claro,
exacto, e conftante, porque tinháo
poucas paixões. Sim erão graves, e
melancolicos, mas fem capricho, e
fem afpereza, nem má indole. A fin-
geleza de feus coftumes eftava entre-
meio da baixeza, e do orgulho. Acha-
va-fe entre elles humanidade acompanhada de honefta, e decente altivez,
que não fe podia attribuir fenão á
folidez de feus fentimentos. O retiro,
em que vivião, os avezava ao conhecimento de fi mefmos, e a fazerem-
fe dignos de fua propria eftimação,

G　　O

O valor não podia deixar de ser huma qualidade usual em hum povo, que para a sua conservação se via continuadamente obrigado a fazer guerra aos brutos mais ferozes.

Esta vida solitaria dos Arabes lhes era sobremaneira vantajosa. Produzindo nelles a temperança, lhes inspirava o desprezo das riquezas, e dos prazeres. Era ella quem lhes servia para o absoluto dominio sobre as paixões impetuosas, que entre nós perturbão tão frequentemente a sociedade; e quem contribuia a augmentar seus conhecimentos, que elles estendião conforme seu gosto, e génio particular ás sciencias mais difficeis. Ainda que quasi não tivessem trato entre si, não erão todavia menos destros, e habeis no trafico, e agencia dos seus negocios. Acostumados a se possuirem sempre perfeitamente a si mesmos, a indiscrição, a mentira, a cólera, e a alegria immoderada, erão defeitos, que não se poderião criminar nesta Nação. Antes que a avareza, e ambição os corrompesse, erão

tão

táo moderados , que engolfados em
thefouros immenfos de todo o Oriente, de que foráo Senhores, náo tira-
váo de todas eftas riquezas mais ,
que a porção neceffaria para a fua
fubfiftencia, fem fe proporem a fazer
outro ufo de tantos bens, fenáo de os
diftribuirem pelas peffoas , que lhes
pareciáo benemeritas , e pelas indi-
gentes.

Quando os Arabes defamparáráo
fua folidáo pelo defejo de fazer conquiftas, principiou a achar-fe-lhes defeitos, que ninguem até alli lhos tinha conhecido, e que tornáráo feu nome odiofo , e deteftavel. Eu fallo daquella dureza de coração; confequencia neceffaria do feu temperamento
fecco, e biliofo, e da vida folitaria;
a que eftaváo acoftumados defde a fua
infancia: fallo tambem daquelle barbaro defprezo para tudo o que era
mais amado , e eftimado dos outros
póvos; daquella preferencia dada fem
medida , e fem limites ás fuas opiniões, e a feus ufos: daquella crueldade , que os arrojou a tirarem ao

do ametade dos feus habitadores, e
a privarem os que lhe deixárão de
todas as luzes, e conhecimentos, que
o genero humano tinha adquirido a
poder de defvellos, fadigas, confu-
mições, e penofos trabalhos.

Foi o anciofo defejo de propagar
fua Religião quem fez os Arabes crueis.
O fim de fuas conquiftas era o eftabelecimento de novos dogmas, que havia pouco acabavão de adoptar. Por
efta caufa feus primeiros Capitáes não
propunhão já mais outras condições
ás Provincias, em que entravão vencedores, fenão as de abraçarem a mefma Religião, e de ferem admittidos
por efte meio a huma verdadeira fra-
ternidade; ou de receberem fenhores
abfolutos unicamente occupados em
fazer fentir o pezo de feu cruel dominio. Efta dureza de coração, que
fe attribuia aos Arabes depois da
morte de Mafoma, e em tempo de
feus fucceffores, era fortificada por
feu governo fempre relativo á Religião, que eftabelecião por fuas conquiftas: por quanto toda a economia
da-

daquelle governo fendo fundada fobre huma obediencia céga , e precifa , que deve fer fuftentada pela crença de hum deftino inevitavel ; entáo fe comprehende que elles confideraváo o ufo da piedade como o maior obftaculo , que fe podia encontrar na exacçáo de fua difciplina civil , e Religiofa.

Os Turcos , como todo o mundo fabe , abraçáráo a Religião de Mahomet. Eftes póvos são originarios de Scythia. Duas colonias fuas , depois de haverem inundado as Provincias vifinhas fe eftabelecêráo , huma na Syria , e outra na Perfia. A primeira abraçou a Religião de Mafoma , e fundou os Reinos de Alepo , de Damafco , da Iconia , e fe mifturou com os Sarracenos. A fegunda ainda Idolatra apoderou-fe da Perfia, e ahi eftabeleceo hum Principado , todo compofto de Turcos naturaes. Havia entre eftes ultimos duas familias de exclarecida nobreza, ás quaes elles cediáo o foberano poder. Chamaváo-fe os Oguzienos , e os Selguzienos.

nos. Erão óriundos de Augus, ou Ogus, e de Selguz, dous feus avoengos, que vivérão em tempos muito remotos, e cujos defcendentes governárão fempre os Turcos fem interrupção.

Quafi no meado do XIII. Seculo, Sólimão era o cabeça da cafa de Oguz. Hum formidavel exercito dos Paithos defceo á Perfia, aonde elle reinava, e o obrigou a defamparar feu Réino. Divagou por todà a Afia, para bufcar novo eftabelecimento, porém mórreo afogado na paffagem do rio Eufrates. Seu filho Ortogul continuoú fua digrefsão, e téndo chegado a Mifnia, enviou hum Deputado a Aladino, Sultão de Iconia para obtér defte Principe afylo em feus eftados, offerecendo-lhe fua obediencia, e fervillo còntra feus inimigos. Aladino não fómente o recebeo com muita humanidade, mas tambem lhe concedeo a povoação, e territorios de Seguta em Mifnia para fua moradia. Paffado algum tempo, o Sultáo lhe offereceo as primeiras dignidades do
Im-

Imperio se quizesse abraçar o Mahometismo. Ortogul de boamente acceitou, e seu exemplo foi logo se-
guido de todo o seu povo. Desde então nunca mais houve destinção entre os Turcos, e os vassallos de Aladino.

Ortogul teve hum filho chamado
Ottomão, e que depois da morte de
seu pai descubrio igualmente o segredo de se fazer amar do Sultão de Iconia. Este ultimo morreo sem filhos,
e sete principaes Senhores da sua Corte aspiravão a lhe succeder. Quando
estavão já prestes a derramar o sangue dos póvos para satisfazerem a sua
ambição, concordárão em dividir o
Imperio em sete Tetrarchias. Ottomão,
ainda que estrangeiro, foi admittido
nesta partilha. Formárão finalmente sete soberanias, quaes forão: *Turquia*,
Caramania, *Iocnia*, *Lidia*, *Bithinia*, *Caria*, e *Paflagonia*. Ottomão,
que ficou com a Turquia, escolheo
logo a cidade de Acre para lugar da
sua residencia, e se propoz cobiçosa-
mente a estender os lemites do seu
do-

dominio. Depois de hum trabalhoſo
aſſedio, eſcalou a cidade de Burſa,
capital da antiga Bithinia, para onde transferio a ſua Corte. Teve a ſa-
tisfação de quaſi no fim da ſua vida
gozar das delícias de huma doce paz;
o que bem raras vezes ſuccede aos
fundadores de grandes Imperios. Eſte
Principe governou com ſumma bondade, prudencia, e ſabedoria, e deixou a ſeus ſucceſſores exemplos, que
mui poucas vezes forão imitados. Or-
cão, ſeu filho, poſſuidor de hum eſtado já florecente, tambem augmentou as
ſuas conquiſtas. Solimão, filho de Or-
cão, que ao depois reinou, eſtendeo
os limites do ſeu Imperio até á Europa, em que ſe apoderou da famoſa cidade de Andrinopoli. A morte o
arrebatou no meio de ſeus projectos,
e acções. Amurat, ſeu irmão, e ſeu
ſucceſſor, fez ſeu nome célebre por
ſuas gentilezas, e victorias. Foi elle
quem transferio a Corte para Andrinopoli, e eſtabeleceo a famoſa, e
revoltoſa milicia denominada *Geni-
zeros*. Elle meſmo foi, que creou

o cargo de Gráo-Vifír , e que deo á Monarchia dos Turcos a fórma , que fem muita differença hoje lhe vemos.

Acabámos de dar huma previa noção da vida , conquiftas de Mafoma , e do eftabelecimento do actual Imperio Ottomano ; agora daremos a clara , e deftincta idéa da Religião daquelle tão famofo , como fallo Profeta , e das principaes circumftancias do governo Civil , e Militar do mefmo Imperio Ottomano , advertindo , que o que vou relatar da Religião de Mafoma he mórmente a refpeito da que profefsão os Turcos , não obftante ferem communs os principaes artigos a todos os Mahometanos.

CAPITULO II.

Da Religião dos Turcos.

JA' vimos como hum fó homem barbaro , e de eftragada imaginação emprehendeo , e confeguio o efta-

tabelecimento de hum vafto Imperio,
e de huma nova Religião. Agora vamos dar huma previa noção de qual
feja aquella Religião · qual a milicia,
e governo civil dos Turcos, grandes
cargos, e dignidades do Imperio. As
ceremonias, doutrina, e leis, que
conftituem tão extravagante Religião,
he que primeiro ha de formar o objecto da noffa nárração. Tudo ifto
pois eftá comprehendido em tres livros, a que podemos chamar o Có-
digo da lei de Mafoma. O primeiro
deftes livros he denominado *Alcorão*,
o fegùndo *Afforatbe*, e o terceiro in-
clue em fi as confequencias, que fe
inferem do Alcorão.

A doutrina de Mafoma eftá inteiramente efcripta no Alcorão; e efte
livro ferve de Lei, e de Evangelho
aos Turcos : he compofto de hum
mifto disforme do Velho, e Novo
Teftamento ; ou para melhor dizer,
são eftes mefmos dous livros desfigu-
rados, e confundidos com fabulas, e
impofturas, interpolados, mutilados,
e cheios de contradições, abfurdos,

e

e anachronifmos : o feu eftilo ainda
que empolado , e inteiramente ao
gôfto Oriental , offerece ao Leitor
algumas vezes varios lugares, ou pe-
daços tocantes , e fublimes. O Alcorão tambem fe chama *Corão*, ou *Co-
ran*. Efta palavra fignifica lição , leitura , ou o que deve fer lido; bem
como nós chamamos á noffa Biblia,
Efcriptura. O Alçorão, ou Biblia Mahometana eftá dividida em quatro partes ; e eftas em capitulos, que fe fub-
dividem ao todo em feis mil verfos.
Cada Capitulo tem feu titulo differente , e todos elles rediculiffimos ; como por exemplo, o Capitulo da Vaca , do Elefante , da Aranha, da For-
miga , da Mofca , &c. Tudo eftá efcripto com tão pouca ordem , e me-
thodo , que não fórma mais , que
huma aborrecivel , e continuada mif-
celanea , o que não obftante tem os
Mahometanos huma veneração tão eftupida a efte livro, que tem pena de
morte qualquer Chriftão , ou Judeo,
que lhe tocar, e ainda qualquer Mufulmano , que lhe pegar , fem primeiro
la-

lavar as mãos. Sobre o tempo, e modo, porque se compoz o Alcorão, não são as opiniões conformes: huns dizem, que Aisquea, ultima mulher de Mahomet, recolhêra todos os apontamentos, e memorias de seu marido, e as dera a hum Doutor da lei, que as trasladou, e dellas compoz o Alcorão; outros affirmão, que elle fôra composto, vivendo ainda Mafoma, e reformado depois da sua morte: os que são deste parecer, corroborão sua opinião dizendo, que hum certo Abdiacen-Solão, Judeo de Nação, e Persa, foi o principal de todos, que ajudárão Mafoma nesta fatal empreza; e entre outros *Sergio*, Monge Christão, o qual professava a heresia de *Nestorio*. O primeiro, por ter sido Doutor da Lei, ou *Rabino*, tinha sobejo conhecimento da Religião dos Judeos, dos seus costumes, e da sua sciencia. O segundo depois de haver sido lançado fóra do seu Hospicio, pelos grandes, e enormes crimes, que commettêra, tinha-se refugiado em Méca. O Assorathe comprehende a

tra-

tradição da Lei de Mafoma, os principios, e opiniões dos fabios desta Lei.

A diverfidade de opiniões dos Doutores da Lei de Mafoma quafi fe póde dizer que fórmão outras tantas feitas na Turquia; o que não obftante todos fe conformão nos finco Artigos fundamentaes, dogmaticos, e communs a todo o Mufulmanifmo, e que cada Turco eftá obrigado em confciencia a praticar, quaes vem á fer. I. Confervar as partes exteriores fempre limpas. II. Fazer oração a Deos finco vezes no dia. III. Obfervar o *Rámasão*, ou *Ramadão*. IV. Dar cumprimento ao *Zacate*, ou *Ze-Kiate*. V. Fazer á peregrinação da Méca.

A Theologia, que o aftuto Impoftor dogmatizou, e que feus fequazes adoptárão, e em certo fentido alguns Doutores da Lei tem corrompido, ampliado, e transfigurado a feu modo, vinha a fer. I. Crer á verdade; ifto he, a exiftencia, e unidade de Deos, excluindo qualquer outro po-

poder, que pudeſſe modificar, ou participar do ſeu, e da ſua vontade; o que Mafoma excluia geralmente pelo nome *Aſſociação*, como idéa mais vil, e indigna, que ſe podia formar da Divindade. II. Crer que Deos, Creador Univerſal, he Omnipotente, Omniſciente, pune o vicio, premeia a virtude não ſómente neſta vida, mas ainda depois da morte; porque todos os homens. hão de reſuſcitar, e apparecer diante delle para ſerem julgados, ſegundo o que praticáráo ſobre a terra. III. Crer que Deos he piedoſo, e que fazendo uſo da ſua miſericordia para com os homens, que ſe poderião perder por falta de inſtrucção, e de doutrina, que os pudeſſe tirar do vicio, e lhes fizeſſe conhecer a verdade, e praticar a virtude, lhes ſuſcitou naquelles ultimos tempos eſpecial, e peſſoalmente Mahomet para ſer ſeu Profeta, e para lhes enſinar os meios de agradarem a Deos, de alcançarem o premio dos bons, e de evitarem o caſtigo dos máos; e em ſumma, aqui recapitularemos em geral

ral os pontos principaes do Mahome-
tísmo. I. Crer que Deos he hum tanto em pessoas, como em essencia. II.
Que Mafoma he seu Profeta. III. Que
os mortos resuscitaráõ, e háo de ser
julgados. IV. Que a Missão de Jesu
Christo foi verdadeira, e divina Missão. V. Que elle nasceo de huma Virgem. VI. Que seus milagres, e doutrina são realmente de Deos. VII.
Que o peccado do primeiro homem
se não transmittio a seus filhos; isto
he, que não somos filhos da culpa.
VIII. Que os Anjos são os ministros,
que executáo as ordens de Deos, e
que o Anjo S. Gabriel he o primeiro. IX. Que o destino, e predestina-
ção he real, e absoluta. X. Que ha
hum Ceo, e hum Inferno. XI. Que
todo o Mahometano deve ser circun-
cisado. XII. Que a sua Religião não
deve ser propagada senão á força de
armas; e por este motivo os seus
Imans, ou Sacerdotes, fazem suas
humillas, e prégações com hum alfange na mão desembainhado. XIII.
Que os Muselmanos, ou Fiéis, que

ma-

matáõ os incrédulos, váo para o Céo,
XIV. Que o que bebe vinho pecca
mortalmente ; assim tambem os que
jogáo a dinheiro. XV. Os Mahometanos lem muitas coufas por tradiçáo
auricular , que elles mefmos dizem,
que Mahomet as ouvíra da boca de
Deos na fua *Mefra*. XVI. Que a alma he immortal ; mas que náo he
diftincta da fubftancia material., fenáo
em quanto fe fuppõe que Deos a fez
vivente, e capaz de todas as fuas funções animaes, e racionaes. XVII. Que
havendo contradiçáo em quaefquer
dous lugares do Alcoráo, o Profeta
revoga, e annulla hum. XVIII. Que
o adulterio feja crime capital ; o que
náo obftante o mefmo impudico Impoftor ufurpou a mulher de feu ef-
cravo Zaid. XIX. Que podem os Mufulmanos náo fómente terem mulheres
legitimas, mas ainda o número de
efcravas , ou concubinas, que puderem fuftentar, e elle, falfo Profeta, teve vinte á fua parte. XX. Que os
próprios diabos viráõ a fer converti-
dos pelo poder , e virtude do Alcoráo.

rão. Mafoma admittia o Velho, e Novo Teftamento, e citou muitas paffagens delles, com a difparidade, que o Leitor poderá julgar, para juftificar, e provar a fua falfa mifsão.

Eftes artigos de Fé, e de Doutrina, e defmefurada quantidade de outras tradições, falfas, ímpias, e ridiculas fórmão o cahos monftruofo da Religião Mahometana, e nos fazem ver até onde a fuperftição, e nimia credulidade póde levar os homens. Vê-fe tambem, que o peffimo mentirofo, pára edificar o feu fyftema, extrahio muitas coufas da Religião dos Judeos, e dos Chriftãos. Todavia a huns, e outros tinha odio mortal. Imputava aos primeiros a depravação do Texto da Lei, por principio de aversão contra as outras Nações; por caufa de orgulho, e de vaidade, que os fazia enfoberbecer, e defprezar todos os póvos do mundo, dando-fe a fi preferencia; e por motivo de avareza, que os movia a enormes ufuras para defpojar, e deteriorar os mais homens dos feus bens,

H lon-

longe de praticar a caridade, e com-
paixão, que conftituem as virtudes
mais neceflarias para a fociedade, e
que lhes tinhão fido táo gránde, e
efpecialmente recommendadas na lei.
Accufava os Chriftáos de terem corrompido o Texto do Evangelho por
principio de rixas, e defavenças ex-
traordinarias, que entre elles reinaváo;
e cujo principal effeito, depois de re-
ciprocas perfeguições, havia fido a alteração, e perversão de hum livro,
que não enfinava fenão verdades fim-
pliffimas, não recommendava fenão a
paz, e união, e condemnava igualmente as animofidades, e opiniões ex-
tremas de todos os partidos. Taes
erão as queixas, e criminação, que
aquelle teterrimo Impoftor fazia ácerca dos Judeos, e dos Chriftáos.

Huma Religião, que não reconhe-
ce por author fenão hum barbaro fem
letras, e fem coftumes; que tem por
Apoftolos, Judeos, Pagáos, e Chriftáos hereticos, e que não fe propaga
fenão por violencia do ferro, e fogo, e pela deftruição; eis-ahi pois

a

a Religião de Mahomet, ou de Mafoma.

Certo homem fabio da França
confiderou os artigos feguintes, como
indices, e caracteres infeparaveis da
impoftura. I. Ella tem fempre por fim
algum intereffe carnal. II. Não póde
ter por Authores fenão homens peftilentos, e depravados. III. Ambas
eftas coufas devem neceffariamenre fa-
zer-fe conhecer na compofição da impoftura. IV. Efta não póde fer tão
bem tecida,, e digefta, que não con-
tenha muitas falfidades palpaveis, que
defcubrão a falfidade do todo. V. Por
toda a parte, aonde ao principio he
divulgada, nunca he introduzida fenão por fraude, e por aftucia. VI.
Ainda quando tenha muitos fectarios
occultos, e disfarçados, não póde eftar muito tempo fem fe manifeftar.
VII. Finalmente não póde fer efta-
belecida fenão por força, e por violencia. Ora que todos eftes caracteres convém a todas as impofturas, e
particularmente ao Mahometifmo; e
que nenhum delles póde fer attribui-

do ao Chriſtianiſmo, he o que o fa-
migerado Author, donde ſão tirados,
provou aſſáz em huma Epiſtola,
ou carta dedicada aos Deiſtas do noſ-
ſo Seculo.

CAPITULO III.

Do Mufti.

O *Mufti* he o cabeça, o Magno
Pontifice da Religião Mahometana em Turquia : he o Oraculo,
que reſolve todas as queſtões difficeis
da Lei : he nimiamente reſpeitado pelos Turcos, e eſtes o conſiderão como
infallivel: a ſua eleição depende abſolutamente do Grão-Senhor, o qual
nomeia ſempre para eſte emprego algum homem de probidade, ſabio da
Lei, e muito bem reputado por ſuas
virtudes. Sua authoridade he tal, que
a ſua deciſão nem o meſmo Grão-Senhor a contradiz. Todas as ſuas deci-
ſões ſão dadas por eſcripto, e ſuas
ſentenças terminão os mais renhidos,
e importantiſſimos proceſſos. O Sultão

o confulta em todos os negocios de
Eftado, e náo emprehende coufa alguma de confequencia, fem primeiro
ouvir o feu parecer. Acontecendo algumas vezes, que o Gráo-Senhor encontre obftaculo a feus defignios na peffoa defte Miniftro, então elle he depofto, e fubftituido por outro, que
falle, e obre fegundo a vontade do
Principe: fe porém efte fegundo o náo
faz defta maneira, he tambem depofto,
e fubftituido por hum terceiro, e affim os mais, até que venha hum,
que fe accommode aos intereffes, e affectos do Gráo-Senhor, que os elege.
Se alguma vez fuccede, que o Mufti commette grande erro, ou falta, o
Gráo-Senhor arroga a fi o poder exclu-
fivo de depôr; ifto porém fuccede
raras vezes. Todos, que receião, que
o Juiz ordinario lhes náo faça juftiça,
podem ir queixar-fe verbalmente, e
em poucas palavras ao Mufti, e a
fua refpofta, e refolução he tida pela verdade. He igualmente ufo quando fe quer alcançar alguma coufa do
Gráo-Senhor, prevenirem-fe com a de-
ci-

cisão defte Oraculo , para fazer conhecer ao Principe , que elle a póde
conceder em confciencia , e conforme
a Lei.

O Mufti fómente , e nenhuma outra peffoa , tem audiencia do Grão-
Senhor, quando a manda pedir. Efte
Monarca o recebe fempre com todo
o decóro , grande veneração , e acata-
mento , porque levanta-fe , quando o
Mufti entra , e o reverenceia , baixan-
do a cabeça , o que não faz a nenhum de feus Miniftros. Ha muitos
Muftis em Turquia , mas o de Conftantinopla he o mais eftimado. Relataremos a ceremonia , que fe pratíca ,
quando toma poffe da fua dignidade.
Aprefenta-fe ao Sultão , que depois
de o ter reveftido a feu modo , lhe
faz prefente de grande fomma de ouro , que elle mefmo lhe mete em fuas
veftes. Configna-lhe logo huma certa
renda , e lhe permitte tirar quanto puder do redito de algumas Mefquiftas
Reaes , que para elle ficão fendo como outros tantos beneficios. Tem certas taxas , e emolumentos , que recebe

be pelas fentenças, e mais defpachos,
que dá; e ifto lhe faz tambem huma
renda confiderabiliffima : quando tem
tomado poffe do feu emprego, todos
os Embaixadores das Potencias Eftran-
geiras coftumão vifitallo, e fazer-lhe
hum prefente; o que augmenta extremamente fuas riquezas. Quando qualquer Mufti he depofto, e nenhuma
razão concorre para a fua depofição,
fenão a vontade abfoluta do Principe,
fempre o gratificão, e lhe conferem
poder de difpor de alguns empregos de
judicial em algumas Provincias, cujà
jurifdicção lhe confião : ifto lhe produz
huma renda fufficiente para poder fub-
fiftr com abaftança, e decencia. O
crélito, e authoridade do Mufti fobre o efpirito do Sultão, lhe dá tanta veneração, e refpeito em todo o
Imperio, que os mais poderofos, e
maiores Senhores o bufcão, e lhe fazem fala, e procurão anciofamente o
feu patrocinio, e amizade.

CA-

CAPITULO IV.

Da Circumcisão.

A Circumcisão não he recebida pelos Turcos como artigo de Fé exprimido no Alcorão, mas fim como antiga tradição, que eftava em ufo entre os Arabes, Orientaes, e Egypcios: eftes a reputavão como precaução neceffaria nos tempos quentes, para prevenir certos accidentes de moleftia, mortificação, incommodo, e porcaria, a que a circumcisão remedeia efficazmente. Os Turcos não circumcisão feus filhos, fem ao menos chegarem á idade de fete annos: mandão fazer efta operação por hum cirurgião. A ceremonia da circumcisão tem fua differença fegundo os paizes, mas em toda a parte, aonde fe pratíca, he confiderada como final de que o circumcifado foi admittido no número dos verdadeiros fiéis.

Os nomes, que os Turcos póem ordinariamente a feus filhos, juando

se

.fe circumcifaõ, saõ : *Amat*, bom, *Amurat*, vivo; *Hibraim*, Abrahaõ; *Ifmael*, quem Deos ouve; *Sfuph*, Jofé; *Machmud*, defejavel; *Muhamel*, louvavel; *Muftapha*, fantificado; *Scander*, Alexandre; *Selim*, pacifico; *Seremeth*, diligente; *Solimaõ*, pacifico, &c.

CAPITULO V.

Das Abluções, ou Purificatorios.

COmo Mahomet eftivesse a pontos de morrer, foi confultado por feus difcipulos fobre o que havia de mais essencial nos mandamentos, que elle deixava: Mafoma lhes recommendoú a paz, e lhes disse, que o melhor meio de a confervar era ter continuado, e fummo cuidado na limpeza de feus córpos, e haver affidua cautéla em ter fempre claufuradas, e feparadas fuas mulheres. Eis-aqui como *Mr. Boulainvilliers* explica a relaçaõ, que ha entre eftas coufas, que parece naõ terem nenhuma. A feparaçaõ

ção das mulheres , qual eftá em ufo
por todo o Oriente , he meio feguro
para as excluir das intrigas do governo , e para evitar em fua propria origem as tempeftades , e funeftas confequencias dos males femelhantes aos que
ellas táo frequentiffimamente tem cau-
fado no mundo. Quando não fe occu-
parem em fuas cafas, fenão do cuidado de agradarem a feus maridos ; a
paz , e harmonia familiar ferá confer-
vada em todo o feu comportamento;
bem como o ferá no Univerfo , quando as paixões immoderadas das mulheres lhe não augmentar a defordem ,
e perturbação. O mefmo fuccede a refpeito da limpeza : a attenção , que
houver para a confervar , receando
huns ter parte, ou participar das manchas dos outros, fará que os Mufulmanos fe apartem , e fujáo dos que
não profefsáo a Religião de Mahomet , e daqui fe feguirá huma feparação propria para manter a paz : feparação , que fupprimirá muitas difputas inúteis , defavenças ; e difcurfos
arrifcados , capazes de fuggerir a per-
tur-

turbação, o desaffocego, a ambição, e a defordem entre os circumftantes: feparação em fim, que produzirá a quietação, e tranquillidade particular, que fazem que o homem goze de fi mefmo com preferencia a todos os feus bens.

Para confervar a limpeza, he que o falfo Profeta ordenou as abluções, e purificatorios, que já de tempo immemorial eftavão em ufo na Arabia; porque fendo ahi o calor em fummo gráo, e os veftidos defproporcionados á qualidade do clima, pois erão rariffimas as fazendas de linho, tinhão neceffidade de ufar com frequencia do banho. Era efte o unico meio de fe verem livres da porcaria, de que os córpos fe cobrem por effeito da tranfpiração. Além de que, a impetuofidade dos ventos, e fubtileza das areias cobrem de poeira muitas vezes no mefmo dia aos homens, que vivem contínuamente no campo. Motivo efte, que faz que os Arabes, aonde as agoas são raras fufpirem pelos lugares aonde ellas são abundantes, para fazerem
fuas

fuas abluções com mais facilidade.
Quando os Mufulmanos fe achão em
partes, aonde de todo não ha agoa,
podem purificar-fe com o pó da terra da maneira que diremos.

Os Turcos pois crêm que a agoa,
de que ufão para fe lavar, os purifica
das manchas de feus peccados, do
mefmo modo, que os alimpa da im-
mundicia de feus córpos. Elles tem
tres efpecies de purificatorios, a faber:
o *Abdefto*, o *Goufte*, e o *Tabareto*.

O *Abdefto* confifte em lavarem as
mãos, e os braços até ao cotovelo,
os pés, as fontes, o cocuruto da cabeça, as orelhas, as faces, o interior
do nariz forvendo a agoa, e os dentes: ferve de preparação para orar a
Deos, para entrar na Mefquita, e para ler o Alcorão. Mas quando o tempo eftá rigorofamente frio, e que não
podem, fem perigo, defcobrir feus
pés, então he baftante indicar efte
genero de purificação com hum final
externo, como he o de molhar o rofto das chinelas; mas ainda que o
frio feja extremo, nunca os Turcos

fe

se dispensão de fazer nús em pêlo todas as outras abluções do Abdesto naquellas partes do corpo em que se fazem.

O *Gouste*, he quando se banhão depois de terem commercio com suas mulheres. Em quanto se não banhão, dão a cada hum o nome *Giunab*, que quer dizer homem, cujas orações diante de Deos são abominaveis, e com quem os outros homens não devem tratar.

O *Tabareto*, he quando se lavão depois das evacuações naturaes do homem. Nesta ceremonia empregão os tres ultimos dedos da mão esquerda, e avalião como pessoas impuras todos os que não praticão o Tabareto.

Segundo o Cathecismo Musulmano ha seis actos meritorios na ablução. O primeiro he dirigir sua intenção. O segundo he lavar com boa ordem, a saber: I. As mãos até aos pulsos. II. A cara. III. As mãos até ao cotovello. IV. O cocuruto da cabeça. V. Os pés até aos tornozelos. O terceiro he principiar o purificatorio

pe-

pelo lado direito. O quarto he principiar a lavar pelo lado efquerdo antes do direito. eftar fecco. O quinto he esfregar a cabeça. O fexto finalmente he esfregar o pefcoço. Eis-aqui agora o que, fegundo o mefmo Cathecifmo, faz invalida a ablução, e lhe impede o feu effeito: quando fica alguma nodoa, ou porcaria em qualquer parte do corpo: quando fe tem alguma puftula, chaga, ou ferida, de que corra fangue, ou qualquer materia: quando fucceda haver alguma naufea, ou vomito, algum delirio, ou algum defmaio. Fica outro fim fendo inutil, quando fe leva a agoa á boca com a mão efquerda; quando, lavando-fe o rofto, fe mexe, e leva a agoa com precipitação tal, que ao cahir faz eftrondo, e igualmente quando alguem fe affôa, ou efcarra na agoa: quando fe lanção os olhos para as partes, que o pejo não permitte nomear, ou quando fe falla, e trata dos negocios, e com commodidades proprias, familiares, ou alheas. Quanto á quantidade de agoa neceffaria para fazer o

pu-

purificatorio , eis-aqui a maneira de
fe explicar o Cathecifmo.

He neceffario para a ablução fimples *Batman* e meio ; e quatro Batmans para a ablução geral. O Batman,
he huma medida de agoa , que tem
de pezo quatro arrateis e meio. No
purificatorio fimplez emprega-fe meio
Batman para lavar o tronco do corpo pela parte anterior , e pofterior ;
outro meio Batman para lavar as mãos,
e o rofto , e o terceiro he para lavar os pés. Na ablução geral fe empregão dous Batmans e meio para todo o purificatorio dos pés até á cabeça , e Batman e meio para a ablução, que fempre fe deve fazer antes
da ablução geral. Eftas precauções de
medida de agoa não fe obfervão fenão em cafa , ou em lugares , aonde
apenas ha agoa para os ufos ordinarios;
porque eftando á borda do mar , ou
de hum rio , não fe experimenta damno em a defperdiçar. Sinco coufas
obrigão a fazer a ablução geral. I.
Quando as menftruadas são interrom-
pidas neftas moleftias periodicas. II.

Quando se lhes acaba o menstruo. III.
Quando tiverem passado os quarenta
dias prescriptos pela Lei depois dos
partos. Os outros dous pontos pertencem a differentes especies de impu-
rezas, para cuja expiação o mandamento obriga a fazer a ablução geral,
ou logo, ou ao menos antes da oração. A honestidade, e decóro da nossa linguagem, e pessoas não permitte
relatar aqui toda esta parte do Cathecismo Musulmano.

Quando por falta de agoa estão obrigados a fazer a ablução com terra,
devem praticar o seguinte para ser
valiosa. I. A terra deve ser de boa
qualidade, e limpa. II. Deve primeiro tocar com ambas as mãos na terra, e levantando-as logo, esfregar a
cara. III. Deve segunda vez abaixar-
se, e pôr as palmas das mãos sobre
a terra, esfregar os braços; e isto he
o principal. Esta ablução fica nulla
por tudo o que impede o effeito da
ablução ordinaria. Se quando se está
em via para ir para lugar distante
se faz oração depois de se haver feito

to a ablução com terra , cumpre la-
var-se logo com agoa , assim que se
encontra , de outro modo fica nulla a
ablução precedente feita com terra.
Se no tempo, em que se ha de fazer
a oração , se está distanre da agoa a
hum quarto de legoa, então se faz a
ablução com terra, mas se ha menor
distancia, esta ablução de nenhum modo he permittida.

CAPITULO VI.

Das Orações dos Musulmanos.

Mafoma chama ás orações columnas da Religião , e chaves
do Paraiso. Ordenou, que se fizessem
sinco vezes cada dia. A primeira ao
amanhecer, ou no diusculo; a segunda ao meio-dia : a terceira de tarde,
a igual distancia do meio-dia , e do
occaso do Sol; a este tempo chamão
os Mahometanos *Asré* : a quarta depois de Sol posto: a quinta á hora e
meia depois de noite. Os Turcos estão persuadidos de que nada ha no

I   mun-

mundo, que os deva eſtorvar, ou
prohibir de fazer ſuas orações, ainda
quando ſe trataſſe de executar as ordens do Sultão, de apagar o fogo,
que abrazaſſe a propria caſa, ou de
repulſar o inimigo, que intentaſſe eſ-
calar a cidade. Fazem muito diverſas
poſturas, quando rezão: encaixão as
mãos huma na outra em cima do eſ-
tomago, curvão ſeus córpos, aſſentão-
ſe ſobre os calcanhares, e recitão hum
certo número de benções, e louvores
a Deos, que contão pelas juntas dos
dedos, olhando para ſuas mãos abertas, como ſe leſſem em algum livro:
depois diſto ſe proſtrão, tocão a terra com a teſta, inclinão a cabeça para huma, e outra parte, &c. Suas
orações conſiſtem principalmente em
louvar a Deos em todos os ſeus attributos, ao que elles ajuntão em certas occaſiões rogativas pela vida dos
ſeus Princhipes, pelo bem dos ſeus eſtados, e para obterem a diviſão, e
guerra entre os Chriſtãos.

O Cathechiſmo Muſulmano, de que
já fallámos, preſcreve doze couſas,

que os Turcos tem para fi, que sáo
de preceito divino nas fuas oraçóes.
Seis deftas coufas fe fazem de fóra
da oração, e as outras feis quando a
oração fe faz. As que fe fazem de
fóra, sáo; dirigir a intenção; dizer
Deos he grande; purificar-fe; voltar-
fe para o Sul, ou para onde eftá Méca, e Medina; fazer a oração em
parte limpa, e propria, e cobrir cui-
dadofamente o que a honeftidade prohibe defcobrir. As que fe fazem no
tempo da oração, sáo: levantar; re-
citar alguma coufa do livro da Lei;
inclinar-fe; proftrar-fe; affentar no fim
da oração, e faudar os que eftáo para a direita, e para a efquerda; com-
pletas todas eftas formalidades, a oração ficará tambem no feu gráo de
perfeição.

Quando algum demora a fua oração, ou quando, fazendo-a, falta a alguma das obrigaçóes, de que temos
fallado, cumpre que fe proftre mais
huma vez, que de ordinario; fem o
que a oração náo ferá válida. Se o
Imán por haver faltado a alguma for-

malidade está obrigado a se proftrar;
os mais affiftentes não são obrigados
a fazer o mefmo. Convém faber, que
o celebrado *Iman* eftá pofto no alto
da Mefquita em frente de todos os
que affiftem á oração, e que elle a
faz em voz alta, para fer ouvido, e
feguido de todo o congreffo, ou já
feja nas orações que recita, ou nas
diverfas pofturas, e vifagens, que faz.
Os que em fuas orações fe propóe a
imitar Mahomet, dizem ao principio:
Meu Deos, eu recorro a vós ; em
nome de Deos clemente, e mifericor-
diofo, Amen: Soccorrei-me, meu Deos.
Oh meu Deos! ouvi-me. O Iman he
quem diz eftas ultimas palavras, e o
povo refponde : *Deos, louvores vos*
fejão dados. Eftas derradeiras palavras
são, repetidas quando fe inclinão; re-
petem-fe tambem, quando fe proftrão;
e quando fe levantão dizem : *Deos*
he grande. Em todo efte tempo praticão as acções feguintes: levantão as
mãos : levão as mãos ás orelhas, es-
fregão com a mão por cima dos veftidos a parte inferior do embigo; cru-
zão

zão as mãos, pondo a direita fobre a efquerda, (as mulheres devem pollas fobre feus peitos) póe as mãos fobre os joelhos, quando fe inclinão; inclinão-fe de todo, e apartão os joelhos de maneira, que a barriga lhes não toca quando fe proftrão; apartão fuas mãos das partes dianteiras das coxas das pernas; affentão-fe fobre o pé efquerdo, e nunca fobre o direito; difpóe de tal forte feus pés, que os extremos dos dedos ficão voltados para o Sul. No Cathecifmo Mufulmano chama-fe a tudo ifto rezar á imitação de Mahomet.

As mulheres nunca vão ás Mefquitas para fazerem fuas orações, por não caufarem diftracções aos homens. Quando os Turcos eftão nó campo, aonde não ha Mefquitas, querendo fazer oração, voltão-fe para a parte de Méca, que fica para o meio-dia. As orações na fefta feira são mais extenfas, que nos outros dias, em commemoração da perfeguição de Mafoma, que foi em outro femelhante dia. Muitos obreiros, e artifices não

tra-

trabalháo, nem os negociantes abrem
suas lojas até ao meio-dia. A fugida
de Mafoma para Medina he , como
mo já diffemos , chamada Egyra.
Esta he o principio , ou termo das
Eras vulgares na Turquia.

CAPITULO VII.

Da Predeftinação.

OS Turcos crêm a Predeftinação
sem reftricção alguma. Dizem
que o deftino de cada hum eftá efcripto no Ceo , que ninguem póde
evitar a sua boa , ou má fortuna,
nem por prudencia , nem pelo maior
esforço, que fazer. poffa. Efta opinião
he confequencia, ou effeito da perfua-
são do que Mafoma contou, que víra no terceiro Ceo, e eftá de tal modo impreffa no efpirito do povo, que
os foldados não tem difficuldade em
exporem temerariamente sua vida nas
occafióes mais arrifcadas.

Nenhum delles teme a pefte, nem
foge ás moleftias epidemicas, porque

to-

todos eftáo perfuadidos de que Deos
tem contado os dias dos humanos,
e determinado de toda a eternidade
o que lhes ha de acontecer; de forte
que os Turcos vifitáo com tanta in-
differença os peftilentos, como os go-
tofos, os febricitantes, &c. Muitas
vezes defpem os que morrem tificos,
ou de lepra, e fem efcrupulo veftem
logo alli mefmo feus veftidos : táo
preoccupados eftáo defta opiniáo! *Nar-
fipo*, ou *Tactiro*, he o nome que
dáo a efte deftino.

CAPITULO VIII.

Das Feftividades dos Turcos.

A Principal de todas as feftividades
he a que elles chamáo *Bayran*,
ou Bairáo : dura tres dias logo depois
do feu Ramazáo. Todo aquelle tri-
duo fe paffa em bailes, jogos, divertimentos continuados : entáo he o
tempo das reconciliaçóes, faudaçóes,
dadivas, e prefentes. Os principaes
Miniftros, Officiaes, e Nobreza do
Im-

Imperio, que se achão em Constantinopla concorrem, ainda noite escura, ás portas do Serralho, para acompanharem o Grão-Senhor, que ao romper do dia passa a cavallo entre meio delles para ir fazer a oração do diusculo em Santa Sofia, que he a principal Mesquita da cidade. Depois de se recolher da oração, e já dentro no Serralho recebe, estando assentado em seu Throno, o Grão-Visir, e o Mufti, que para lhe renderem vassallagem, vão em frente, hum dos Officiaes maiores do Imperio, e o outro, dos Sacerdotes, e Doutores da Lei. O Bairão deve começar logo, que apparece a Lua depois do Ramadão. Publíca-se esta festa em Constantinopla por descargas de toda a artilharia. Em quanto ella dura não se accendem as alampadas, que estão nas torres, e zimborios das Mesquitas; sóão os tambores, e trombetas, e cada hum não cuida senão em se divertir. Os Turcos tem outra festividade, que elles chamão *Donanma*: sua duração he segundo a vontade do Princi-

cipe. Celebra-fe quando fe ganháo certas batalhas, em final de alegria; pelo nafcimento dos Principes, na fua
circumcisáo, e convalefcença.

CAPITULO IX.

Do Ramazáo, ou Ramadáo.

HUm dos pontos effenciaes, e dogmaticos da Religiáo dos Turcos, ou de Mafoma, he a obfervan-
cia do mez do *Ramadáo*, ou do jejum, que dura todo efte mez. A ninguem he permittido, durante aquelle
tempo, nem comer, nem beber, nem
fumar, nem tomar o cheiro de coufas odoriferas, nem ter copula com
mulheres, nem finalmente metter coufa alguma na boca por minima que feja, em quanto o Sol gyra por cima
do horizonte; mas chegando ao feu
occafo, e em tempo, que as alampadas, que eftáo em torno das torri-
nhas da Mefquita, eftáo accefas, entáo já lhes he permittido comerem.
Empregáo a maior parte da noite em
fef-

feftins , e banquetes. Chamão a efte
mez fanto , e fagrado ; e dizem, que
naquelle tempo eftão abertas as portas do Paraifo, e fechadas as do Inferno. Efte jejum he de recommendação
táo fevera, que le algum Mahometano o infringe, e principalmente Turco , eftá fujeito a perder a vida. Os
enfermos , e itinerantes tem licença
para comerem , com condição porém
de que fe devem lembrar dos dias
do Ramadão , que não cumprírão,
ficando obrigados a fatisfazerem á Lei,
quando a fua faude, ou os feus negocios o permittirem.

O Cathecifmo Mufulmano diz,
quando falla em geral do jejum „ Se
„ huma mofca , ou mofquito entrar pe-
„ la voffa boca, fe vos mandardes
„ fangrar, ou deitar ventofas , nada
„ di'to quebrantará voffo jejum ; do
„ mefmo modo a unção do oleo, ou
„ ufardes do Surmé. Tambem vos he
„ permittido maftigar páo para o met-
„ terdes na boca de algum menino, a
„ quem queirais alimentar; mas fabei
„ que o deveis dar todo fem engu-
„ lir

„ lir a minima parte que feja ; de
„ outra forte commettereis hum pec-
„ cado. Conhecei pois o que infrin-
„ ge o jejum, e o torna inválido. Se
„ o homem tem commercio com mu-
„ lher , he inconteftavel , que que-
„ brantou o jejum , e fe o faz de
„ propofito dileberado, eftá obrigado
„ para expiar efta culpa , a abfter-fe
„ defte commercio em outro dia, que
„ for livre, e de mais a fazer algu-
„ ma penitencia „ Quando falla do
jejum voluntario, diz : „ Se vos obri-
„ gardes a jejuar , e por qualquer
„ neceffidade infringirdes voffo jejum,
„ a Lei vos obriga a jejuardes em ou-
„ tro dia. Infringe-fe o jejum, quan-
„ do fe maftiga , ou come pedras,
„ terra, panno de têa, ou papel, e
„ então deve começar fegunda vez o
„ jejum , fem com tudo fe ficar fu-
„ geito a penitencia alguma; mas fe
„ maftigar , ou comer alguma coufa
„ comeftivel , cumpre jejuar em ou-
„ tro dia , e fazer a penitencia, que
„ vamos declarar. Deve-fe dar huma
„ vez bem de comer a feffenta po-
„ bres,

» bres, ou jejuar seffenta dias, ou dar
» liberdade a hum escravo para sa-
» tisfazer deste modo á justiça divina.
» Fica a arbitrio eleger huma destas
» tres penitencias, além da qual se
» jejuará hum diá, no qual se fará
» maior, e mais austera penitencia,
» que de ordinario. »

O *Surmé*, de que acima fallámos,
he huma preparaçáo de antimonio, de
que os Orientaes usão para tingir de
negro as sobrancelhas, como o fazia
Jesabel, segundo a Escriptura.

O tempo do Ramazáo he regula-
do pelo curso da Lua, e todos os
annos vem onze dias antes que o
precedente; de sorte, que com o
tempo, este jejum corre todos os mezes do anno. He mais toleravel para
os Turcos, quando succede vir nos dias
de inverno, por serem pequenos, que
vindo no veráo, porque então he
muito custoso, e pezado para a plebe,
que vendo-se obrigadá necessariamente,
a trabalhar, todavia se não atreve, nem
a metter huma pinga de agoá na boca para se refrigerar. Podemos dizer,

que

que o Ramadão he a quaresma dos Turcos, elles a observão durante toda huma lua, e então as Mesquitas estão cheias de alampadas, e parecem capellas ardentes. Naquelle tempo augmentão os Turcos suas esmolas, que consistem em dinheiro, e viveres, como arroz, manteiga, mel, azeite, carne &c., que mandão, ou vão destribuir pelas suas visinhanças, ou por outros pobres; o que dá lugar a estes de rogar a Deos pelos seus bemfeitores, gritando pelas ruas da cidade: *Oxalá que Deos encha de bens os que fartão meu ventre.*

CAPITULO X.

Do Ze-Kiate.

E Ste artigo da lei consiste em fazer esmolas. Cada particular he obrigado a dar sinco por cento de tudo o que possue para os pobres; mas os Turcos he o preceito que menos observão: quasi ninguem ha, á exceipção dos mesmos pobres, que cumpra

pra efte mandamento. A avareza eftorva os ricos de fe privarem de huma parte de fuas rendas; e a politica não quer que fe faiba em que ellas confiftem, como fe faberìa pelo calculo exaɕto do *Ze-Kiate*.

CAPITULO XI.

Do Matrimonio.

OS Arabes tinhão fempre confervado entre fi a Poligamia, e a pluralidade de mulheres lhes era permittida, fem exclusão das concubinas, avaliando por mais venturofa a familia, em que annualmente havia maior número de partos. Todavia Mafoma não lhe pareceo, que o número indeterminado de legitimas mulheres foffe compatível com a boa ordem, harmonia, e tranquillidade familiar, e prevenio todos os funeftos accidentes, que daqui fe feguirião, reduzindo-as a certo número. Obrigou as mulheres, fem excepção de condição, a viverem no retiro, e na dependencia

de

de feus maridos, a quem deo todo a liberdade, e permifsão de as caftigar, quando fe quizerem fubtrahir á fua obediencia; e o mais, que diremos. Mandou que as mulheres andaffem fempre cobertas de modo, que nem a ponta do pé, nem a cara, nem o pefcoço lhe appareceffe; em huma palavra, todas as leis a refpeito defta ametade do genero humano, que em outros Paizes governa, e domina a outra ametade, são cruéis, injuftas, e grandemente penofas.

Como os Arabes erão efpecie de Filofofos, que tinhão huma vida muito retirada, e que não fe entregavão aos prazeres, nem aos divertimentos, que ha nos jogos, nos efpectaculos, nos circos, e banquetes, excogitóu ó Profeta Anti-Chriftão modos de lhes tornar agradável fua folidão. Para ver feu projecto executado, não pode defcubrir melhor meio, que o de permittir-lhes com limite a continuação da pluralidade de mulheres, e de obrigar eftas á inteira fubmifsão a feus maridos; mas o malvado

Ma-

Mafoma querendo fazer a felicidade
apparente de huns , fez realmente a
defgraça de outras ; e em fumma de
ambos os fexos. Elle mefmo julgava,
que a pluralidade de mulheres contribuia para a propagação do genero
humano; mas enganou-fe , porque a
experiencia prova, que os dominios,
aonde não he permittido mais de huma mulher em matrimonio, não são
menos povoados , que aquelles, em que
a poligamia eftá admittida.

Com tudo o Matrimonio he reve-
renciado pelos Turcos como coufa
fanta, o que não obftante, os feus Sacerdotes quafi não tem parte na ceremonia , que fe pratíca nefta occafião. Na prefença de hum Juiz fecu-
lar, ou civíl jura o marido, e obri-
ga-fe a receber certa peffoa por fua
legitima mulher, e a dar-lhe em cafo de morte , ou de divorcio , certas , e determinadas rendas , ou pensão , de que ella poderá difpôr á fua
vontade. Os contratos matrimoniaes
não são affignados fenão pelo Juiz, o
qual lhe póe o feu fello : as efcri-
ptu-

pturas não fazem menção senão dos
nomes dos contrahentes, e das arras,
que a mulher deverá receber em de-
vidas circumftancias : a mulher não
comparece; he reprefentada por hum
homem, que faz as vezes de procu-
rador. Os parentes, e amigos acompanhão o efpofo até cafa da conforte,
e dous delles vão todo o caminho
com os alfanges nús na mão alçados
por cima da cabeça do noivo, fegundo elles dizem, para eftorvar os ma-
leficos; mas já hoje corre noticia de
que efte ufo eftá abolido. Os Mahometanos podem ter quatró mulheres,
contra o rumor popular, que affirma,
que elles podem ter quantas podem
fuftentar. Mas a lei permitte-lhes o
terem as efcravas, que puderem comprar, com tanto que não faltem ao
que devem a fuas legitimas efpofas.
A lei manda, que a legitima mulher
feja admittida no leito de feu marido ao menos huma vez em cada femana, e que o marido fatisfaça ao
dever conjugal. Se elle o recufa fazer,
tem ella direito de o pôr em juftiça.

K   Os

Os Turcos confiderão como proprios, e legitimos, affim os filhos, que tem das fuas efcravas, como os de fuas mulheres; e huns, e outros gozão dos mefmos privilegios, com tanto que os pais tenhão declarado por livres os primeiros em feus teftamentos, fem o que ficão reduzidos ao número de efcravos.

A lei de Mafoma permitte, que a mulher viuva, ou repudiada, ou divorciada caze até terceira vez, e não mais; de forte que fó póde paffar a quartas nupcias com algum dos tres maridos, que antecedentemente teve. O divorcio na Turquia fe faz judicialmente em prefença do Juiz, que formaliza o acto, e o regifta. Entre os Turcos ha duas fortes de divorcio. O primeiro confifte em feparar o homem, e a mulher da mefma cafa, e leito, continuando fempre o marido a provella de tudo o neceffario. O fegundo obriga o marido a dar á mulher as fuas arras; de forte que ella fica defde então perdendo todo o direito á peffoa, e bens do marido; e

em

em certos cafos póde tornar a cafar.
Se o marido fe arrepende de fe haver
defquitado de fua mulher, e outra
vez a quer receber, não lhe he concedido, fem que primeiro confinta,
que outro goze della em fua mefma
prefença. As circumftancias, e modos,
que precedem o torpe acto, que cobre de vergonha, e confusão ao marido, são outros tantos defaforos, e
obfcenidades, que a honeftidade chri-
ftã não permitte declarar; apenas diremos que, ainda depois de tão vil
acção, fica á eleição da mulher efco-
lher hum dos dous, e raras vezes fuccede, que não efcolha o que já era
feu marido, e defta forte vai de novo viver com elle.

Quando as mulheres eftão defgof-
tofas de feus maridos, e que requerem
a diffolução do feu matrimonio, vão
ellas mefmas peranté o Juiz á Audiencia; defcalção huma das fuas chinelas, e a vírão de folla para cima, para affim darem final do que não fe
atrevem a dizer. O Juiz manda vir
logo á fua prefença o marido; ouve

as razões de ambos, e se a mulher teima em querer dirimir o matrimonio, he condemnada em perder o seu dote, ficando livre para poder casar com outro. O marido tem o mesmo privilegio, mas está obrigado a pagar o dote do contrato á mulher repudiada.

CAPITULO XII.

Do Vinho.

O Falso Profeta nem sempre procurou ajustar o seu systema de Religião com as inclinações, e affectos dos seus compatriotas. Muito bem conhecia elle, que os Arabes gostavão extremamente do vinho, e sabia os funestos effeitos deste licor, por cujo motivo lhes prohibio o seu uso. Attribue-se porém esta prohibição a huma violenta disputa, que o excesso de vinho excitou certa vez entre as suas tropas. Dizem outros, que tendo Mafoma passado hum dia inteiro em companhia de muitos sequazes seus, aonde

de

de tudo foi barulho, paſſatempo, e
alegria, encontrou no dia ſeguinte naquelle meſmo lugar grandes motivos
de conſternação, provindos das brigas,
e pendencias, que entre ſi tiverão os
que ſe embebedárão. O certo he, que
as razões, que obrigárão o Legislador
Arabe a prohibir o uſo do vinho, forão as terriveis deſordens, que o ex-
ceſſo deſta bebida pode occaſionar.
Não obſtante eſta prohibição, eſte licor he communiſſimo entre os Turcos : públicamente o bebem ſem temer o eſcandalo. Os que eſtão em cargos públicos são mais acautelados, e
eſcondem-ſe quanto podem da viſta
do público, receando, que pareça,
que as faltas, que commettem, pro-
venhão do uſo do vinho. Em Conſtantinopla vende-ſe públicamente, e ha
grande número de tabernas, como
adiante ſe verá.

CA-

CAPITULO XIII.

Da Carne de Porco.

A Attenção, que Mahomet deo á conſervação da ſaude dos Arabes, o obrigou a lhes prohibir a comida, e uſo da carne de porco. Todos ſabem, que os pórcos nunca podem ſer bem creados, nem nutridos em territorios, em que as producções, e colheitas ſão minguadas, e apenas dáo para a ſubſiſtencia de ſeus habitadores. Como os matos, boſques, e paſtagens ſão rariſſimos na Arabia, não ſe acha naquella parte do mundo nenhuma eſpecie de nutrição propria para os pórcos, de que podemos concluir, que ſemelhante eſpecie de animaes deve ſer maliſſimamente creada, e ſugeita ao mal de gafeira. Por conſequencia bem longe de que a carne de porco ſeja delicada, e appetecivel, ou de que lhes poſſa ſervir para dar goſto, e temperar outras viandas, e iguarias, ella deve ſer de máo

ſa-

fabor, e muito damnofa á faude. Ainda a fóra da proxima difpofição, que
os pórcos tem para a gafeita, a qual
póde augmentar, e vir a fer effecti-
va por falta de alimentos, convenientes á fua efpecie, e communicar-fe
aos outros animaes, e mórmente aos
homens, que fe nutriffem della, o
falobro, e falgado das agoas, e do
mantimento, de que fe ufa na Arabia,
deve conftituir os habitadores affás
fufceptiveis de todas as enfermidades
de cutis, e por confeguinte de lepra.
Os Turcos são pouco infractores defte preceito.

CAPITULO XIV.

Das Mefquitas.

AS *Mefquitas* são os Templos,
ou Igrejas dos Mahometanos:
são ordinariamente de figura quadrada, e tem ao entrar para a porta
principal hum pateo, cujo pavimento, ou folho he de marmore branco,
e em torno delle reinão galarias bai-
xas,

xas, cuja abobada eftá fuftentada por columnas do mefmo marmore. No centro do pateo ha huma grande fonte, ou chafariz, aonde os Mufulmanos fe vão lavar, fegundo o mandamento da lei, antes de entrar na Mefquita; o que elles religiofamente obfervão, e com particularidade na Turquia, ainda mefmo nos mais rigorofos frios de inverno, lavando as partes com que elles crem, que tem offendido a Deos, e ifto á vifta de todo o mundo.

As paredes das Mefquitas dos Turcos, e igualmente as abobadas são branqueadas com cal, á excepção das partes, em que o nome de Deos eftá efcripto em caraĉteres Arabigos. O pavimento eftá todo coberto de ricas tapeçarias da Perfia, fobre as quaes fe proftrão os Turcos, quando fazem oração. Em todas as Mefquitas ha grande número de alampiões, ou alampadas pendentes, de que muitos são de cryftal, com outras curiofidades, que de Reinos eftrangeiros forão enviadas ao Gráo-Senhor. Não ha cousa mais linda, que a vista de todos aquelles alampióes, quando estáo accesos. Em quanto dura o Ramazáo, tódas as Mesquitas estáo cheias de alampióes, que logo á noite se accendem, e ha tal Mesquita, que entáo gasta em azeite acima de tres quartinhos de ouro por dia. Náo ha Naçáo alguma, que faça táo grandes fundaçóes como os Turcos. Ha Mesquitas edificadas por particulares, que tem mais de quarenta mil cruzados de renda annual. Cumpre notar, que pela lei de Mahomet, náo podem ser fundados, nem Mesquitas, nem Hospitaes senáo com dinheiro, e bens adquiridos legitimamente. Quanto aos Principes Ottomanos, náo podem, mesmo por lei, fundar genero algum de Mesquita, sem que elles pessoalmente tenháo conquistado aos Christáos tanta renda, quanta he precisa para subsistencia da Mesquita, que elles querem fundar. Em todas, as Mesquitas ha hum cofre, aonde se guarda o remanecente das rendas. Os Turcos chamáo *Hasna* a este cofre, ou thesouro. O Gráo-Senhor náo

lhe

lhe póde tocar, fenáo para defender a
lei, fem encarregar a fua confciencia, e violar as leis do eftado.

Os Turcos são magnificos nas Mefquitas, e em todos os monumentos,
que edificão em honra de Deos, e que
são deftinados para o feu ferviço. Elles o são não fómente ácerca dos edificios, mas tambem pelo que pertence ás rendas, que lhes deftinão. As
principaes Mefquitas são as da fundação Real. O chefe dos Eunuchos negros das mulheres do Sultão tem a
fuperintendencià dellas, com poder
de difpor de todos os empregos, e
cargos Ecclefiafticos, que lhes eftão
annexos. Ifto augmenta muito o feu
grande credito, e a fua venda; porque ha grande número de Mefquitas
Reaes em todo o Imperio. As de
Conftantinopla são, Santa Sofia, as
dos Gráos-Senhores, Mahomet, Ba-
jazet, Selim, Solimão, Hamet, e outros. As rendas deftas cafas Reaes cor-
refpondem em tudo á magnanimida-
de, e grandeza de feus fundadores.
As rendas Ecclefiafticas, e as applicadas
ao

ao serviço de Deos montáo á terça
parte das terras do Imperio. Huma
parte das suas rendas serve para sustentar os Sacerdotes, e a outra para
soccorro dos pobres, e orfáos. Santa
Sofia, edificada pelo Imperador Justi-
niano, e reedificada depois por Theo-
dosio, era a Metropolitana da antiga
Bysancio, e a Igreja Capital do Patriarca da Grecia. Ella ainda hoje
existe; e veio a ser a principal Mesquita de Constantinopla. Os Turcos
não bolíráo nas suas rendas, antes
pelo contrario de tal sorte as augmen-
táráo, que hoje igualáo as mais ricas fundaçóes religiosas de toda a
Christandade. O Sultáo faz ser mais
sumptuosa, e magnifica a Mesquita
Santa Sofia; he como foreiro a ella,
e cada dia lhe paga quasi dez cruzados do nosso dinheiro pelo terreno,
em que algum dia estava parte da cerca, e jardim daquelle memoravel templo, e em que hoje está edificado o
Serralho.

Aos edificios sumptuosos, que compõe as. Mesquitas Reaes, se ajuntáo
Col-

Collegios , aonde fe dogmatiza , e enfina a lei : outros edificios fe lhes unem, em que fe fazem cozinhas para fazer de comer para fe dar aos pobres, aos eftrangeiros, e aos viajantes. Muitas terras, muitas villas, e aldeas , e em fumma, Provincias inteiras são deftinadas para a fubfiftencia das Mefquitas; arrematão-fe, e andão de renda por certo preço. Além difto, ha rendas , que fe pagão em trigo, em azeite, e em outras producções. As renras cobrão-fe algumas vezes como ordinariamente fe cobrão os tributos , a fim de fer mais facil a cobrança. As povoações , e terras applicadas para a fuftentação das Mefquitas gozão de muitos privilegios : são izentas das vexações , e oppressões dos Bachás , e de aquartelarem a gente de guerra, e de apofentadorias. Por efta caufa affim a Milicia , como os Miniftros da Policia , do Ecclefiaftico , e Grandes do Imperio bufcão outro caminho em fuas digreffões , receando o inccommodo dos habitadores, e por decóro, e refpeito aos lugares deftinados para o ufo divino. As

As Mefquitas, fundadas pelos particulares , tem ordinariamente fuas rendas em dinheiro, procedido dos legados teftamentarios, ou das doações, que lhes fazem os devotos em fua vida. Efte dinheiro fe dá a juro de dezoito por cento, e fazem difto as Mefquitas huma renda fegura, e certa , e permittida por lei , porque a ufura não he condemnada na Turquia, quando fe trata da utilidade dos lugares confagrados á Religião; em outro qualquer fentido , e occafião he confiderada como coufa abominavel.

Proximo ás Mefquitas fazem os Turcos edificar humas capellinhas de figura quadrada , que hão de fervir para feu jazigo. O tumulo tem quafi quatro pés de altura, e fete de comprimento ; eftá fempre coberto com hum panno grande de veludo verde, ou de fetim defta mefma cor, que arroja por terra : alli confervão fempre dous caftiçaes de braços, todos de prata , e em cada hum duas velas; e em torno do tumulo muitas cadeiras rafas , aonde fe affentão os que lem o

Al-

Alcorão pela alma do defunto. Ao pé
da grande campa estão outros muitos tumulos de menor grandeza, todos
de marmore branco, e armados como
o grande. Em huma das cabeceiras
de cada tumulo está esculpido hum
turbante de marmore do mesmo tamanho, que era o de que usava aquelle, cujo corpo alli se acha depositado.
Os jazigos menores são para os filhos,
e parentes do bemfeitor, que edificou
a Mesquita. Em huma das capellas
de Constantinopla ainda hoje existem
os quinze tumulos dos irmãos de Mahomet III., a quem elle mandou cortar a cabeça, para se firmar seguramente na posse do Imperio Ottomano. Denomina-se *Capella dos Turbantes.*

CAPITULO XV.

Dos Emiros.

ASsim se appellidão certos Turcos, cujo número he espantoso,
e que dizem ser parentes de Mafoma.

ma. O feu teftemunho em juizo val
o de dez peffoas : trazem todos hum
turbante verde , que he a cor confa-
grada ao ·feu Profeta. Os Emiros são
muito refpeitados entre os Turcos,
e gozão de muitos privilegios : além
de outros tem o de não poderem fer
ultrajados, maltratados, ou feridos ,
fem que ao aggreffor deftes delictos
fe lhe corte a mão direita. Ainda que
poucos haja , que eftejão em ·eftado
de provar , que defcendem de Mafoma , não deixão todavia de ferem
protegidos quando tem alguns pretex-
tos, que os authorizem para arrogarem
a fi efta honra , ou que o *Nakibo* os
quer favorecer ; e para que ifto fe
faça fem efcandalo , lhe dão huma arvore de géração delle até Mahomet.
O *Nakibo* he o cabeça dos Emiros ;
tem feus Officiaes, e Sargentos, e he
fenhor de baraço, e cutélo fobre todos os que eftão debaixo das fuas
ordens ; mas nunca faz a affronta aos
da fua familia de os mandar matar
públicamente. Os Turcos não ignorão que a ambição , e defejo de fazer

zer novos subditos, facilita o Nakibo
ao abuso de fazer Emiros: por esta
causa são muito menos estimados do
que erão em outro tempo, e já os
Turcos não fazem escrupulo de os
desancar, e de os tratar com abjec-
ção, quando elles são insolentes, depois de lhes haver tirado o seu turbante verde, e de o ter beijado com
respeito: esta ceremonia os livra do
castigo. O segundo Official dos Emiros chama-se *Alemdar*, ou *Alendaro*;
este he quem leva o Estendarte verde
de Mahomet, todas as vezes que
o Grão-Senhor apparece em acto público, e solemne. Os Emiros podem
entrar, e possuir todas as especies de
cargos, e poucos ha, que se appliquem
ao commercio, a não ser o dos escravos, ou captivos, para o qual tem
muita inclinação.

CA-

CAPITULO XVI.

Dos Emaums.

ESte vocabulo significa Sacerdote, ou cura de almas. Os Emaums são como, ainda que mal comparados, Parochos de freguezias, a quem se confia a direcção das Mesquitas. Devem saber ler o Alcorão, e serem bem reputados nas suas visinhanças, antes de irem exercer aquelle emprego. He tambem necessario, que já tenhão servido o cargo dos que avisão, e chamão todos os dias o povo de cima das torres ás horas destinadas para as orações públicas, proferindo repetidas vezes em altas vozes estas palavras: *Deos he grande: Deos he grande; eu reconheço, que não ha outra divindade senão Deos; e confesso que Mahomet he o Profeta de Deos.*

Quando qualquer Emaum morre, o povo da freguezia apresenta hum ao primeiro Vizir para occupar o lugar

L   gar

gar do defunto, aſſeverando que tem
todas as qualidades requiſitas para ſa-
tisfazer dignamente : em virtude daquella atteſtação he admittido no lugar vago ; e para ſe vir na certeza
da verdade de ſemelhante depoſição,
ſe lhe manda ler alguns capitulos,
ou verſos do Alcorão em preſença do
primeiro Vizir, que o approva, e lhe
cede authóridade, e poder de ir occupar o lugar do morto, e de ſervir
naquelle emprego. Eſta he toda a formalidade, e ceremonia, que ſe pratica na recepção de qualquer Emaum ;
porque os Turcos não crem, que elle receba caracter algum do Sacer-
docio, que os deſtinga do mais povo. De ſorte que quando os Emaums já não eſtão exercitando eſtes cargos, tornão para o número de leígos.
O ſeu veſtido não he differente do
da mais gente, á excepção do Turbante, que he hum tanto mais largo, e pouca differença no franzido,
e encreſpadó, e no modo de o tra-
zér. O ſeu officio he chamar o povo
pará os actos da Religião, levallos
pa-

para a Mefquita nas horas deftinadas,
e ler todas as quintas feiras certas
fentenças tiradas do Alcorão. São ra-
riffimos os Erraums, que fe atrevão
a prégar : deixão efte emprego aos
Seighs, que são hum geneio de Mon-
ges, de que ao diante fallaremos.

O. Mufti nenhuma jurifdição tem
fobre os Emaums pelo que pértence
ao governo ; porque entre elles não
ha nem fuperioridade, nem Jerarquia.
Cada hum he independente na fua
Parochia , e não póde fer admoefta-
do , inquirido , cu caftigado por peffoa alguma ácerca da Religião : não
eftão fujeitos feião aos Magiftrados
pelas coufas civeis, e criminaes.

Os Ecclefiafticos Turcos, e os Jurifconfultos são muitiffimo eftimados
na Turquia, como fe póde conhecer
pelas qualidades, que lhe dá o Grão-
Senhor, quando lhes efcreve, e lhes
envia fuas ordens. Eis-aqui como elle lhes falla : *Vós, que fois a gloria
dos Juizes, e dos homens fabios, thefouros profundos de eloquencia, e de
excellencia, &c.*

CAPITULO. XVII.

Dos Religiosos Turcos.

Tambem como nós tem os Turcos seus Mosteiros, e differentes Ordens Religiosas. Pouca he a conformidade ácerca do tempo de suas fundações, e de quem forão seus fundadores, o que sómente se sabe he que elles fazem profissão de huma vida austéra, e recoleta, do desprezo das honras, e das delicias do mundo, e de total applicação ás cousas divinas: chama-se-lhes *Derviches*, ou *Dervises*, que significa *Pobres*, porque na verdade vivem em summa pobreza. Affectão humildade, modestia, e caridade para todos em geral: usão de camizas de têa muito grossa, e vestem-se de panno escuro muito grosso, que se assemelha ao nosso borel; alguns andão embrulhados em huma manta branca; trazem huma especie de gorra muito alta, e larga; he feita de pelle de camelo de côr es-

bran-

branquiçada ; trazem fempre nuas as
pernas, e o peito defcoberto, e muitas vezes póe nelle ferros em braza
por devoção : andáo cingidos pela
cintura com huma correia de couro
em pelo fem fer cortido.

De mais dos jejuns ordinarios ,
que fe obferváo entre os Turcos, os
Derviches jejuáo tambem á quinta feira , e neffe dia náo lhes he permittido comer coufa alguma antes de
Sol pofto. Tem grande quantidade
de ceremonias, que todas sáo ridiculif-
fimas ; e o que entre elles ha de fingular vem a fer , que na Turquia fó
os Derviches fazem ufo ordinario do
vinho, e da agoa-ardente. Tem Mof-
teiros nas partes mais confideraveis do
Imperio Ottomano ; mas a fua principal cafa he em *Conbi* na Natolia,
aonde ha mais de quatrocentos Religiofos. Efta cafa he a cabeça das Ordens, e governa todas as outras, por
efpecial privilegio , que lhe foi concedido por Ottomáo I. , Imperador
dos Turcos.

Todas as terças feiras , e fextas

o fuperior do Convento faz hum fer-
mão, em que explica aos feus Religiofos alguns verfos do Alcorão, ou
alguns lugares dos efcriptos dos feus
Fundadores. Durante efte tempo, todos
os Derviches eftão affentados no chão
á maneira dos noffos alfaiates, e fórmão, por antiguidade, huma efpecie,
de grande meia lua em frente do
Prégador. Eftão todos com os olhos
baixos, cabeça quieta, não efcarrão,
e nem fe affoão ; parecem eftatuas ;
tal he o filencio, e firmeza, com que
eftão. Nefte eftado ouvem com mara-
vilhofa attenção os abfurdos, e extravagancias, que feus Superiores ajuntão
ás do feu Profeta. Por mais extenfo,
que feja o Sermão, nenhum delles fe
move. Acabado o Sermão todos os
Derviches fazem final de reverencia,
inclinando-fe com muita modeftia, e
gravidade ao feu Superior, e fe póe
a andar á roda com tanta velocida-
de, que apenas fe póde ver por cafualidade o femblante de algum ; e
em quanto dura efta ridicula dança,
hum de feus confreires toca flauta.

Af-

Affim que efta. fe cala , parão elles repentinamente , e ficão firmes em pé, fem fe lhes entontecer. a cabeça; tão acoftumados. eftão áquelle .exercicio, Querem imitar nifto a hum dos feus Fundadores, que efteve naquelle efta-do quinze dias a fio fem defcançar, nem comer ; e que ficando, fegundo elles dizem, extatico, teve prodigio-fas revelações, e recebeo do Ceo as Regras da fua Ordem. Os Derviches fazem voto de pobreza , de caftida-de , e de obediencia ; mas fe depois de recebido algum, não obftante ter profeffado , elle acha que não póde obfervar a regra, nem guardar con-tinencia , obtem facilmente licença pa-ra fahir do Convento , e para cafar. Todavia .elles mefinos publicão, e di-zem que a experiencia lhes tem fei-to ver , que os que daquelle modo deixárão o ferviço de Deos , fempre encontrárão no feculo defaftrados fuc-cefos.

Os Noviços são empregados nas coufas mais abjectas , e pelo decurfo do tempo. entrão outros, que fubfti-

tuem

tuem feus. lugares: habitão dous em
cada cella : occupáo-fe alguns a enfi-
narem a ler , e a efcrever em Idioma Turco, Arabe, e Perfa; outros
em fazerem galanterias para divertimento do povo, e finalmente alguns
fe empregão na Arte Magica , e em
efconjurar os efpiritos malignos. A
maior parte delles fegue fuas inclinações , e entregão-fe á preguiça, a qual
tem o feu imperio naquelle , e em
outros femelhantes Paizes do mefmo ;
ou igual clima.

Os Derviches são muitiffimo peri-
gofos , quando na rúa encontrão algum Chriftão, e que o feu diabolico
zelo os inflamma , e tranfporta ; porque então não tem dúvida de os fol-
licitar ; e obrigar a fazerem-fe Mufulmanos , ou não querendo , de affaffina-
los. Eftes affaffinios paffão no Imperio por acção de zelo , e por facto
tão defpiedado , áinda recebem louvores. Pede a prudencia , que todo o
Chriftão ande prevenido, e fe efcon-
da, quando os vê; o que fazem por
não fe expôrem á morte. Quando os
                                    Der-

Derviches tem fome, em qualquer loja, ou na praça, pegão no que lhes faz conta, ou naquillo, de que goſtão, ſem ninguem ſe lhes oppôr; porque ſe recebe como honra, e ſe eſpera que o Ceo recompenſará o leſado. Entrão francamente por toda a parte, ainda meſmo em caſa dos potentados, e nobres em acto de companhia, ou aſſembléa, e tomáo aſſento: apparecem depois com huma grande fiada de certa miçanga, que terá de comprimento tres varas, e eſtendendo-a de ſorte, que todos lhe peguem, dizem ſobre hum dos gráos algum dos attributos de Deos; como por exemplo: *Deos he grande.* Paſſa eſte gráo ao immediato, e aſſim ſucceſſivamente, e todos vão repetindo o meſmo, e acabada eſta roda, o Derviche diz ſobre o gráo ſeguinte: *Deos he juſto*; e aſſim continúa em cada hum dos gráos, pelos attributos de Deos, até que acabando de gyrar todos os gráos da enfiada, ou ſe levanta, e ſe retira, ou ſe eſpera o café, depois o faz com tão pouca ceremonia como entrou.

Chal-

Chalveti, ou Calvecio, e Naksbendio forão os primeiros Mahometanos, que fizerão regras para aquellas especies de Religiosos. Elles forão as duas fontes, donde manárão, segundo attestão os Turcos, todas as differentes Ordens Religiosas, que povoão o Imperio Ottomano. Contão-se muitas, e a sua differença he serem mais, ou menos ridiculas, mais ou menos extravagantes, e visionarias. Sem entrarmos no relatorio individual de todas, fallarei em particular de alguma dellas.

CAPITULO XVIII.

Dos Cadriz, ou Cadritas.

OS Cadritas compõe huma das seis Ordens Religiosas, que procedem de Chalvecio. Os que professão nesta Ordem estão obrigados a fazerem gradualmente hum noviciado de jejum, e de abstinencia. Dà-se-lhes á entrada huma vara de páo de salgueiro, que ainda fresca peze quatro-

cen-

centas drachmas, para trazerem effectivamente pendurada na cintura: re-
gulão o mantimento de cada dia pelo feu pezo; de forte que a porção
do páo, que háo de comer, vai di-
minuindo á medida, que a vara fe
fecca, e peza menos. Cada hum deftes Religiofos eftá obrigado a eftar
folitario em huma cella quarenta dias
em cada anno, e nem ao menos ha
de ver gente. Alli, fe applica todo o
tempo á meditação, e fe occupa em
obfervar os fonhos, que teve; de que
ao depois dá conta ao Superior. Efte
os explica como entende, e advinhà,
ou crê adevinhar defta maneira as
coufas futuras. Eis-aqui huma ceremonia, que fe pratíca durante a noite
de todas as quintas feiras, entre todos eftes Religiofos. Póe-fe todos em
movimento andando á roda, ao fom
de hum inftrumento feito á maneira
de flauta, e repetem fem defcontinuar
a palavra *Hai*: repetem-na tantas vezes, táo prolixo tempo, e com tal
violencia, que cahem redondamente
no cháo como mortos. Dizem elles,
que

que ifto he para ímitarem o feu Fundador , que pronunciava efta palavra
com táo grande vehemencia , que fe.
lhe abriáo as veias do peito , e efgui-
chaváo fangue, com o quál ficava efcripto na parede efta palavra *Hai*. Facilmente lhes concede o Superior licença para fe embebedarem com agoa-
ardente , para poderem continuar , e
acabar a fua dança com mais forçá, e
vigor.

CAPITULO XIX.

Dos Calenderos.

EStes Religiofos da Turquia pertendem ganhar o Ceo por caminho totalmente oppófto áo dos outros ;
entregando-fe de tudo á relaxação , e
á licenciofidade : goftáo muito da alegria , e do prazer fenfual , expulsáo
de fi fóra quánto podem a melanco-
lia , e a trifteza , e vivem fem anxie-
dade ; e com defafogo : empregáo
todo o tempo em comer , e beber ,
e para fartarem fua intemperança , e
go-

golotoneria vendem tudo o que tem,
e ainda o mais precioſo. Quando eſtáo ém caſa de peſſoas ricas, mol-
dáo-ſe por ellas, vivem a ſeu modo,
e goſto, e eſquadrinháo maneiras de
agradar a todos os familiares por
meio de facecias, contos, e joviali-
dades, ſó para que ſe lhes dê bem
de comer. Todos elles tem para ſi, e
dizem, que a taberna he táo ſanta
como a Meſquita, e que ſervem táo
bem a Deos naquelle genero de vida
brutal, como os outros no jejum, e
na mortificaçáo.

CAPITULO XX.

De outras peſſoas empregadas no ſer-
viço da Religião.

Ainda afóra os Sacerdotes, e
Religioſos, de que fallámos, ha
entre os Turcos os Guizeconſos, os
Alfaquitas, os Doagitas, ou Hanifizitas, os Santóes, os Meſgidgibaqui-
tas, os Seigbitas, os Taslimáes, os
Mierdgidgitas, e os Mutevelios.

Os

Os *Guizeconsos* são os que lem o Alcorão nas Mesquitas pelas almas dos seus Fundadores, quando esta foi sua intenção. De mais, lem a certas horas do dia livros traduzidos do Arabe em Turco, que tratão da sua Religião, e da sua crença, e os explicão em fórma de Cathecismo aos rudes, e aos ignorantes. Além destes tem livros de Poesia na linguagem da Persia, e da Arabia, cujos versos são rimados com bom metro, e incluem muito boas moralidades, que elles citão agradavelmente, quando he occasião.

Os *Alfaquitas* são os Doutores da Lei de Mahomet: tem sobejo credito entre os Turcos; respeitão-nos como pessoas sagradas: estão sujeitos ao Mufti, de quem dependem.

Os *Doagitas* são Sacerdotes a quem está encarregada a porta do *Divan*. Antes de a abrirem, fazem suas orações pelas almas dos Imperadores defuntos, e pela prosperidade do reinante.

Os *Hanifizitas*, são os protectores
res

res, ou defensores do Alcorão; elles o sabem todo de cór: os Turcos os considerão, e honrão como pessoas sagradas, e como depositarios da lei do seu Profeta.

Os *Mesgidgibaquitas* são Sacerdotes, que ha no recolhimento das mulheres do Serralho, e que servem a Mesquita, aonde ellas vão fazer su.as orações.

Os *Seigbs*, ou *Seigbitas* são os Prégadores das Mesquitas. O Sultão tem hum particular, a quem chamão o Grão-Prégador de sua Alteza. Tem grandissima estimação, e credito na sua Corte. Os Seigbs passão ordinariamente a sua vida em Conventos.

Os *Talismães* são os que vão todas as manhãs ao Serralho, logo que as portas se abrem: todos formando hum circulo se póe de joelhos em huma pequena Mesquita, cada hum com seu livro na mão, e lem em voz alta huma especie de Psalmo, que he tão extenso, que gastão perto de huma hora em recitallo. Os Turcos tem mui grande devoção, e fé nesta ora-

ção,

ção, e crem que, em a dizendo quarenta vezes, alcanção de Deos tudo o que lhe pedem; motivo efte, porque o Gráo-Senhor manda que todos os dias, quarenta daquelles Sacerdotes rezem aquelle Pfalmo por fua tenção, e depois de morto fazem-lhe o mefmo fobre a fepultura, para falvação da fua alma. A fua paga corref ponde a trinta reis por dia.

Os *Mierdgidgitas* são os que tem cuidado da limpeza, e de ter tudo em boa ordem na Mefquita do Gráo-Senhor. São Officiaes dos Eunuchos brancos do Serralho.

Os *Montevelios* são os recebedores das rendas das Mefquitas. O Gráo-Senhor he como hum Adminiftrador geral de todas ellas, e em lugar de deixar poffuir toda a renda a hum particular, regula o número de peffoas neceffarias para o ferviço de cada Mefquita, e lhes affigna huma certa pensão fufficiente para fua fuftentação. Os remanecentes das rendas são enviados para Conftantinópla pelos Montevelios, e são depofitados na

For-

Fortaleza das. fete Torres , aonde ficáo guardadas com todo o cuidado.
O Gráo-Senhor náo fe atreveria a bo-
lir nellas' fem encarregar a fua confciencia , e offender a lei , menos que
náo fofſe para empregar aquelle dinheiro em favor , e defenfa da fua
Religiáo; mas como os Turcos con-
fideráo todos os Principes da terra, á
excepçáo do feu Sultáo , como infiéis , ou herejes, o Gráo-Senhor náo
faz guerra aſſim offenfiva , como de-
fenfiva , que náo feja avaliada como
guerra da Religiáo, e facilmente con-
fegue approvaçáo do Mufti para fe
fervir daquelles thefouros no tempo
da guerra.

CAPITULO XXI.

Das differentes Seitas dos Maho-
metanos.

HA infinito número de Seitas differentes entre os Turcos ; mas
ha duas principaes, que dividem em
dous partidos diverfos os Mahometa-
M   nos.

nos. Huma he abraçada, e defendida pelos Turcos, e outra pelos Perſas. São denominadas a Seita dos *Sunni-tas*, e a ſeita dos *Alitas*. Os Tur-cos dizem que *Abube-Kero*, *Oſman*, e *Omar*, ſuccedêrão legitimamente a Mahomet antes de Ali, ao qual per-tence rectamente o direito de ſucceſ-são a Mafoma, ſegundo a opinião dos Perſas. Os Turcos accusão os Perſas de terem corrompido o Alcorão, e os Perſas rejeitão como apocrifos, e faltos de authoridade os tres famige-rados Doutores da lei de Mafoma, *Abube-Kero*, *Oſman*, e *Omar*, que os Turcos venerão muito. Pelo que reſpeita a outras Seitas particulares, podemos dizer, que ha outras tantas na Turquia, quantos são os cabeças, ou meſtres de Eſcola. Não ha viſiona-rio, ou pedante algum, que não te-nha para ſi, que póde enſinar a ſeus diſcipulos qualquer opinião ſingular. Mas todavia tomão muito ſentido em não atacarem, e em não offenderem algum dos ſinco pontos principaes, que, ſegundo elles, conſtituem o verdadeiro Mahometano.   Diſ-

Diftinguem-fe quatro Seitas principaes, óu quatro differentes Efcolas entre os Mahometanos orthodoxos. A primeira, cujo nome he *Haniffe*, he a de que mais commummente fe faz profifsão na Turquia, e na Tartaria. A fegunda chamada *Chafei*, he feguida pelos Arabes. Os habitadores de Tripoli, de Tunes, de Argel, e de outros Póvos da Africa profefsão a terceira que fe donomina *Malechia*. A quarta chama-fe *Ambelia*, e não eftá introduzida fenão em alguns lugares da Arabia. Os que fazem profifsão deftas quatro Seitas, são reputados por Orthodoxos, e não differem entre fi fenão em algumas ceremonias, que obfervão em fuas orações, e nas abluções, e em alguns artigos da lei civil.

 CA-

CAPITULO XXII.

Da Peregrinação da Méca.

ESta peregrinação he de preceito para todos, a quem sua pobreza, moleftia, ou grandes cargos do eftado não impoffibilitão, ou de algum modo eftorvão de fazer. O número dos Peregrinos, que fazem efta jornada, monta em cada anno a mais de fincoenta mil. Os Mahometanos Turcos ajuntão-fe em Damafco; os da Perfia em Babylonia; os do Egypto, e da Barbaria no Grão Cairo; e todos elles fe ajuntão ao depois fobre o Monte Arefat, que eftá nos arredores de Méca, aonde fazem hum facrificio em memoria do de Abrahão. Paffa em proverbio entre os Turcos, quando fe falla neftas devotas jornadas, *Peregrinação, e Negocio*; quer dizer que na peregrinação da Méca ha ordinariamente dous objectos a hum tempo: a Religião, e o commercio, hum ferve muitas vezes de

pre-

pretexto ao outro, porque muita gente não vai a Méca senão para negociar com os Perfas, Indianos, e Africanos, que em desmesurado núme-
to alli se achão no tempo do *Bay-
ião*, e passão huma parte da sua vida em fazerem aquella romaria. O
mais considerável de todos os Peregrinos tem por nome *Soraemino*. He nomeado pelo Grão-Senhor para levar
todos os annos sinco mil *sequins*,
hum Alcorão coberto de ouro sobre
hum camêlo, e o panno de arraz preto, que sua Alteza envia para cobrir
o exterior do Templo de Méca. Quando este se põe, tirão-se os do anno
precedente : os Peregrinos os despe-
dação, e nenhum ha que deixe de
trazer, como reliquia, algum peda-
ço para sua casa. O camêlo, que leva
o Alcorão, vem enfeitado de flores,
quando volta ; e feita esta jornada,
fica isento de trabalhar todo o restan-
te da sua vida.

A Peregrinação da Méca, que nós
chamamos *Caravana*, está expressada
no idioma Turco pelo vocabulo *Hai-*

A

A lei obriga todos os Mahometanos
a fazerem efta jornada huma vez na
vida, ou a mandarem alguma peffoa
em feu lugar, quando por juftas razões elles proprios não podem ir. O
Grão-Senhor paga effectivamente a mil
foldados, fó para acompanharem efta
Caravana. Divide-fe em feis turbas,
ou córpos; as quatro do meio são os
Peregrinos, e as outras duas foldados para os guardar: nunca a Caravana defcança toda junta; porque,
quando os que vão adiante defcan-
ção, os que vão atraz fe adiantão, até
que fejão os primeiros. Se acontece
que os Arabes os atacão, e cativão
alguns, a Caravana vai fempre feguindo feu caminho, e não fe demora,
nem fe lhes dá dos que os Arabes
levão. Manda-fe fempre hum Official
para difpôr as jornadas diarias, que
ordinariamente não excedem a duas
leguas, e doze viadores marchão adiante veftidos de côr vermelha, para enfinar o caminho. Cada Peregrino tem
hum camêlo, de que fe ferve para levar fuas provisões; porque quafi fe
não

não achão viveres em toda a estra-
da, e apenas agoa de quatro em quatro dias ; a qual he guardada, e pro-
tegida por fortalezas , pelo receio
que ha de que os Arabes arruinem os
póços para atenuar deste modo os
viajantes.

CAPITULO XXIII.

*Obrigações dos particulares, que fa-
zem a Peregrinação da Méca.*

Para haver a preparação necessaria
para esta Peregrinação, deve cada
hum começar por intenção récta , e
pura , arrepender-se dos seus peccados ; pagar suas dividas ; reconciliar-
se com seus inimigos ; entregar os
penhores , que tiver em seu poder ; deixar á sua familia com que sustentar-
se até á sua vinda, e todo o dinheiro ; que gastar nos preparativos, que
fizer ; e todo o que levar para os gas-
tos da jornada, ha de ser bem adquirido. O Peregrino , quando sahe de sua
casa , abaixa duas vezes a cabeça , e
re-

·recita o *Fateba*. Efta palavra ſigni-
fica: *Principio*, *Abertura*, he o nó-
·me do primeiro capitulo do Alcorão: efta oração he tão commum en-
·tre os Muſulmanos, como entre nós
.a Oração Dominical. Os Turcos dizem o *Fateba* no principio. das ſuas
orações, nos ſeus caſamentos, ao entrar em qualquer empreza, e geralmente em todas as occaſióes, em que
querem implorar o ſoccorro de Deos.
Eis-aqui a traducção della: *Em no-*
me de Deos clemente, e miſericordio-
ſo, louvores ſejão dados a Deos,
Senhor dos dous mundos, clemente,
e miſericordioſa. A vós, Senhor, eſ-
tamos ſujeitos, e imploramos voſſa
aſſiſtencia. Dirigi-nos no caminho re-
ćo, como fizeſtes a graça de dirigir
os voſſos eſcolhidos, e não como os
réprobos. Depois de ter dito efta oração, o Peregrino deſpede-ſe da ſua
familia, e lhe diz as palavras prœ-
ſcriptas pela lei, que ſão as ſeguintes:
O Senhor vos conſerve, e vos prote-
ja; elle vos livre de todo o mal, vos
perdoe todas as voſſas culpas, e vos
en-

-encha de bens , para qualquer parte que fordes. Tem obrigação de dar esmola antes da sua partida , porque esta boa obra attrahe a benção de Deos. Quando monta a cavallo faz ainda outra oração , na qual , afóra de outras súpplicas , pede a Deos , que em toda a sua jornada o livre de homens tristes , e cabisbaixos. Quando chega á pousada , deve dizer : Meu Deos fazei-me achar huma pousada de benção : vós sois , Senhor , o melhor de todos os descanços. Repete estas mesmas orações em todo o tempo das suas jornadas , e deve dar descanço á sua cavalgadura as mais vezes que puder , e ter lembrança de se desmontar para jantar , para cear , e na subida , e descida dos montes , ou ribanceiras. He preciso que se prive de dormir sobre a cavalgadura , que trate bem todos os seus companheiros , e todos os que no caminho lhe perguntarem , ou pedirem alguma cousa , que não escandalize ninguem ; nem ainda mesmo aquelles , que lhe exigirem suas provisões , nem lhes
lan-

lance em rofto o que a elles lhes falta.

Tendo chegado ao lugar, aonde fe ajunta a Caravana da Méca, e quer veftir o *Ibrão*, efpecie de habito de devoção, faz huma ablução, cobre todo o corpo com duas grandes toalhas novas, ou lavadas, corta as unhas, rapa, ou tofquia o pelo das partes inferiores, arranca o dos fovaços, esfrega-fe com certas drogas, faz duas reverentes venias, inclinando-fe todo, e vefte o feu habito. O *Ibrão* he de tres maneiras. O primeiro chama-fe *Karem*, e efte he o que fe vefte, quando algum fe propóe o ir a Méca, e ahi offerecer hum facrificio. O fegundo he denominado *Mofredo*, que he o que fe vefte, quando na Peregrinação da Méca, não ha tenção fenão de affiftir ao facrificio público, que lá fe faz, fem fazer algum particular. O terceiro chama-fe *Motmettaa*, e ferve para os que meramente querem fazer algum facrificio. Antes de fe reveftirem, devem dirigir fua intenção, e dizer: *Eu refolvi-me a offere-*

recer hum sacrificio , e eu o offereço ao Deos grande. O Peregrino re-
veſtido..do *Ibrão* , entra deſta ſorte
na Cidade de Méca , e dá ſete vol-
tas ao redor do Templo , e faz os
celebrados ſete *Sais*. (1) ...

Cada volta que o Peregrino dá em
torno do Templo , he acompanhada
de huma oração , que elle vai rezan-
do. Quando entrão no Templo , andão muitas vezes ao redor delle , e
ſempre ia, rezar. Eis-aqui, em ſumma o
que elles dizem , em quanto andão gy-
rando : *Oh Deos piedoſo! perdoai-me
Senhor ; fechai os olhos ao que vós
ſabeis; pois vós ſabeis o que nós não
ſabemos. Oh Senhor da antiga caſa!
livrai-me do fogo do Diabo maliſſi-
mo, e execrando; da malicia dos vi-*
                                    ven-

_____

(1) Hé como paſſeio , ou prociſsão , que
fazem entre dous lugares de Méca , em commemoração do caminho, que *Agar* fazia entre os dous lugares no deſerto , quando , depois de ſer expulſada da caſa de Abrahão,
buſcava agoa para ſeu filho *Iſmael* , ſem ſe
ouſar de ir mais longe ; temendo algum ac-
cidente, que em ſua auſencia lhe mataſſe, ou
maltrataſſe ſeu filho.

véntes, e das aſtucias, e ciladas do Anti-Chriſto, e dos tormentos da morte, e da ſepultura. Eſtas derrádeiras palavras são alluſivas a húm ponto de Fé dos Mahometanos, como ao diante ſe verá, quando fallarmos da ſepultura delles.

Entretanto que os Peregrinos da Méca offerecem a Deos ſuas orações, fazem toda a diligencia por ſe compungírem, e excitar dor: ſe as lagrimas lhes vem aos olhos, he final de que ſuas ſúpplicas são ouvidas, e aproveitão-ſe daquelles inſtantes para então encommendarem a Deos todas as peſſoas de ſua amizade, e conhecimento. Quando ſe retirão de Méca, não lhes he permittido divertirem os olhos para outra parte que não ſeja o ſeu Templo até o perderem de viſta. Se de Méca querem ir a Medina, aonde eſtá depoſitado o corpo do ſeu Profeta, renovão com pouca differença as meſmas ceremonias; e depois de ſatisfazerem a éſte eſſencial preceito da ſua Religião, tornão a vir para ſuas caſas em paz, e alegria.

CA-

CAPITULO XXIV.

De algumas particularidades da Re-
ligião de Mafoma na Turquia.

OS Turcos fazem hum sacrificio,
que elles chamão *Corbam*. Consiste em degollar carneiros sobre o se-
pulchro dos mortos, e em dar a carne aos pobres. Crêm que esta ceremonia allevia as almas, a quem ainda falta que expiar no outro mundo algumas culpas. Fazem tambem hum Corbam no tempo da Caravana da Méca.

He crença universal em Turquia,
que assim que qualquer corpo se lança na cova, com elle descem dous
Anjos negros, que o acompanhão na
sepultura. Ao primeiro chamão *Gna-*
nequir, e ao segundo *Mogir*. Dizem
que hum tem na mão hum martello,
e o outro ganchos de ferro para in-
troduzirem de novo a alma no corpo
do defunto : que sendo reanimado
aquelle corpo, o interrogão sobre a
sua vida passada, e sobre o artigo

. de

de ter fido bom Mufulmano. Se lhes não
dá boas contas de fua vida , o que
tem o martello lhe dá tão grande pan-
cáda , que o enterra abaixo de finco
braças. Mas dando ajuftada razão de
fuas acções , os dous Anjos negros def-
apparecem , e vem dous brancos em
feu lugar, que ficão guardando o corpo até ao dia de Juizo.

Os Turcos , e mais Mahometanos
appellidão-fe *Mufulmanos* , que fignifica *Fiéis*, porque não crêm que haja outra lei verdadeira , fenão a que
elles profeffão.

A palavra *Char-allba* , que quer
dizer Juftiça de Deos , he de tal veneração para os Turcos , que ninguem
ha , que fe pofla izentar de compare-
cer , nem ainda o mefmo Grão-Senhor, quando he citado por eftes vo-
cabulos, porém fó o Mufti tem direito de ufar delles para com fua Alteza Imperial.

Ha na Turquia huma efpecie de
veneração ao camêlo , e tem os Turcos para fi , que he peccado mortal
por-lhe grandes cargas , ou fazello tra-
ba-

balhar mais que hum cavallo. A razáo, que dáo para ifto, he, que efte animal he muito commum nos lugares fantos da Arabia, e que he elle,
que leva o Alcoráo quando fe faz a
Peregrinaçáo da Méca. Os que gover-
náo eftes animaes, depois de lhes dar
de beber em huma bacia, fervem-fe
da babugem que lhes fahe da boca para
esfregarem as barbas, pronunciando
com extremofa devoçáo eftas palavras:
Hadgibaba, *Hadgibaba*, que fignifi-
cáo: Oh Pai Peregríno, oh Pai Peregrino. Os Turcos tem tambem fubejo refpeito ao jumento, porque Noffo Senhor
Jefu Chrifto, que elles contempláo, e
refpeitáo como hum grande Profeta, fe
fervio delle, quando andava no mundo.

He quanto em refumo podemos
dizer da Religiáo dos Turcos, e lei
de Mafoma, paffaremos agora a dar
tambem huma fuccinta noticia da Policia, e Milicia do actual Imperio
Ottomano.

Os Turcos náo fe fizeráo Senhores dos vaftos dominios que poffuem,
fenáo com a efpada na máo, e uni-

ca-

camente á força de armas. Mas aquella grandeza de alma, e altiva magestade dos seus primeiros Imperadores tem perdido muito da sua primeira grandeza, e esplendor. As forças de terra tem diminuido muito, e as maritimas tem-se reduzido a miseravel estado.

CAPITULO XXV.

Da Milicia terreste dos Turcos.

OS Turcos distinguem tambem as suas Tropas em Cavalleria, e Infanteria. A Cavalleria he a parte mais numerosa da Milicia Ottomana : he de tres sortes: huma que tira sua subsistencia de certas terras , ou de certas rendas , que o Sultão lhe concede; a outra recebe a sua paga em dinheiro de contado; a terceira he apromptada para o Grão-Senhor pelas provincias. Os primeiros tem os nomes de *Zaims*, e *Timariotes*; os segundos *Spahis*, e os terceiros são especies de Tropas auxiliares.

CA-

CAPITULO. XXVI.

Dos Zaims, e dos Timariotes.

EStas duas especies, de gente de guerra são como Barões em certos Paizes, ou como os nossos Commendadores, e Padroeiros, que possuem certos dominios concedidos pelos Principes. Ha muito pouca differença entre os Zaims, e os Timariotes; forão instituidos pelo mesmo fim, e tem as mesmas obrigações. Parece porém que os Zaims tem mais algumas utilidades, e distinção que os outros. A sua renda monta de cem mil réis até dous mil cruzados. Em todas as expedições militares estão elles obrigados a servirem com suas tendas, que devem ser acompanhadas de cozinhas, de cavalherices, e de outras casas necessarias, e proporcionadas aos seus teres, e á sua qualidade. São obrigados a pôrem hum cavalleiro armado por cada quarenta mil réis, que o Gráo-Senhor lhes dá de renda. Este caval-

lei-

leiro chama-fe em linguagem Turca
Gebelu. Os Timariotes eftão obrigados
a terem , e levarem tendas de campanha menores que as dos Zaims , e
a apromptarem o mefmo número de
homens com menos renda. Huns , e
outros eftão difpoftos em regimentos
commandados por Coronéis. Quando
marchão vão com bandeiras , ou ef-
tandartes , e timbales. Os feus Coronéis tem acima de fi os Pachás , e
os Governadores de Comarca, e eftes são commandados pelos Governadores das Provincias. Quando todas eftas
tropas eftão encorporadas , então fe
fórma *parada* , cujo lugar , e horas
são determinados pelo General , que
ordinariamente he o Grão-Senhor , o
Grão-Vizir , ou qualquer outra Perfonagem eminente, que tem a qualidade de Vizir.

Os Zaims , e os Timariotes nunca são difpenfados de fervirem em peffoa, quando o Grão-Senhor commanda o exercito. Se eftão doentes , mefmo na cama são levados em liteiras ,
fe ainda são meninos , nem por iffo
são

são dispensados, pois vão sempre dentro em cabazes grandes, ou cestos em cima de cavallos, e desde o berço os acostumão á fadiga, ao perigo, e á disciplina militar.

Como alguns destes homens de guerra não são mais que usufructuarios de suas rendas, e bens, e outros, que morrem sem filhos legitimos, as suas terras vagão para a Coroa. Todos aquelles bens, tendo ordinariamente augmentado muito pelo cuidado, e industria dos que os possuião, o Principe os dá a outros, segundo o seu valor actual, que muitas vezes chega a ser o dobro do que se acha lançado no registro do Imperador. Por este meio o Grão-Senhor vai sempre augmentando o número dos seus soldados. Pelo que, quanto maior número delles morre em huma batalha, tanto mais lucra o Sultão; e na distribuição que faz, gratifica muitos com a porção, que pertencia a hum só. He certo, que esta especie de milicia ha de montar a cem mil combatentes.

Em tempo de guerra se aggregão

N ii   a

à eſtas tropas certos voluntarios, que os Turcos chamão *Gionullu*, e que ſe mantém á ſua cuſta, na eſperança de alcançarem, por alguma acção de nome, o lugar de algum Zaim, ou de algum Timariote, que morrè na guerra. Eſtes ſoldados são ordinariamente valentes, deſtemidos, e proprios para ſe aventurarem a todo o riſco nas acções mais temerarias. .....

Quando os Timariotes, e os Zaims eſtão já velhos, eſtropiados, ou inválidos, podem doar ſuas terras a ſeus filhos, ou aos parentes mais proximos. A prática de alguns lugares do Imperio, quando morre na guerra algum Timariote, ou Zaim, he repartir os bens, e às rendas do defunto pelos filhos, que lhe ficão, que recebem partes iguaes; mas quando as rendas não correſpondem a quarenta e oito mil reis da noſſa moeda, paſſa tudo ao primogenito: ſe pelo contrario acontece morrer de ſua morte natural, o Governador da Provincia diſpõe das ſuas terras, vende-as, ou dá-as a quem lhe praz. Em outras partes he de uſança

paſpaffarem aquelles bens por fuccefsão de pais a filhos.

O Vocabulo *Timariotes*, nafce de *Timars*; que são á maneira de com_ mendas deftinadas em parte para a, mantença da gente de guerra, a quem fe dá como em feudo. A' medida que os Turcos fubjugárão, e conquiftárão Provincias aos Chriftáos, eis-aqui a ordem que ácerca difto obfervárão. Apo- denárão-fe do dominio do Principe vencido, de tudo o que pertencia á Igreja, e dos bens, predios, e rique- zas dos que tinhão morrido na pele- ja, e dos que fe tinhão retirado. A maior parte de todos aquelles bens foi dividida em *Timars*; e a outra foi deftinada para confervação, e au- gmento das Mefquitas, e para fub- fiftencia dos que as fervem. Tudo o que fobeja depois de feitas todas as defpezas annuaes, e indifpenfaveis dos cargos da Provincia, vai remettido ao thefoureiro da Provincia, que tem fua refidencia na Corte. Pelo que, to- da a vafta extensão das grandes re- giões, que eftão debaixo do dominio

do

do Grão-Senhor , todas as heranças., todos os castellos , todas as praças fortes &c., lhe pertencem de propriedade. Elle sómente he quem dispõe de tudo , e ninguem ha que possua cousa alguma , que não seja por effeito de sua munificência. Não he todavia porque as terras, possuidas na Turquia pelos militares , não possão passar de pais a filhos; mas não gozão dellas senão como usufructuarios. Sempre o Sultão reserva para si o direito de propriedade , e he Senhor de os desapossar , e de as dar a quem lhe praz.

CAPITULO XXVII.

Dos Spahis.

OS *Spahis* são outra especie de Cavalleria Turca , que he paga á custa do Grão-Senhor. Podemo-la reputar pela Nobreza do estado , por serem mais bem educados , e civilisados que os outros Turcos. São de dous modos. Huns levão hum Estandarte

ama-

amarello, quando vão em marcha, e
outros vermelho. Suas armas são hum
alfange, e huma lança, com huma
efpecie de dardo de comprimento de
dous pés ferrado na ponta. Defpedem
efta arma com fubeja força, e deftreza, e algumas vezes correndo á ré-
dea folta a arremeção para diante, e
a tomão a apanhar na carreira. Armão-fe tambem de huma efpada, que
vai préza ao lado da fella do cavallo: a fua folha he larga, e direita,
e fervem-fe della quando lhes parece
conveniente, em lugar do alfange,
principalmente no calor da acção.
Muitos ha entre elles, que levão arcos, frechas, piftolas, clavinas, ainda
que não avaliem em muito as armas
de fogo. Outros armão-fe de coletes
de malha, capacetes de ferro pintados
da mefma côr que o feu Eftandarte.
Quando principião a pelejar, gritão
muito, dizendo: *allah*, *allah*, e for-
cejão, quanto podem, para rompérem
as fileiras do inimigo; mas fe, fazendo até terceiro esforço, o não confeguem, esmorecem, e retirão-fe.

Os

Os Spahis da Asia são muito mais bem montados, que os da Europa, mas estes ultimos são mais destros, e mais valentes, por causa das guerras que tem continuamente com os Christãos, e Potencias visinhas. Os Spahis erão em outro tempo mais ricos, e mais poderosos, que presentemente. Hoje são tão pobres, que estão reduzidos a accommodar-se dez, ou doze em huma tenda ridicula, para q que todos contribuem, e a fazerem bolsa para sustentar dous, ou tres cavallos, e hum macho para a sua bagagem, e provimento de todos. O seu soldo não he regular, vencem pelo nosso dinheiro de hum tostão até setecentos e vinte por dia. A differença deste soldo procede da differença dos lugares, donde sahírão antes de entrarem náquelle corpo, e da espécie de trabalho, a que os tinhão applicado. Huns forão creados, e educados em diversos Serralhos, aonde se ensina á mocidade os principios da guerra, e da literatura: outros forão cozinheiros, ou rachadores de lenha no

Ser-

Serralho do Grão-Senhor; muitos ha, que são tirados dos lavadeiros do Imperador, das fábricas dos Turbantes, do laboratorio, da thesoureria &c. Estes ultimos recebem maior pagamento que os outros.

Os filhos dos Spahis conseguem facilmente do Grão-Vizir alistarem-se nos livros de registro do Grão-Senhor; mas o seu pagamento, que deve ser ao menos a razão de cento e dez, ou seis vintens por dia, he tirado da renda de seu pai. Depois de estarem alistados, estão nas circumstancias de serem adiantados em remuneração dos seus serviços, se tem fortuna, e industria.

Na exaltação do Principe, ou acclamação do Grão-Senhor, sempre se augmenta por fórma de gratificação o soldo aos Spahis; e quando o Sultão vai pessoalmente á guerra, dá huma ajuda de custo em dinheiro a cada hum delles, que ordinariamente são cem *francos*, para comprarem arcos, e frechas.

Esta Tropa de Spahis em tempo de guerra não he outra cousa mais, que

que huma multidão confusa de homens sem freio, nem disciplina. Não tem regulação, não tem companhias, nem regimentos; marchão em chusma, e combatem sem ordem.

Os Spahis fazem suas sentinellas a cavallo quando estão de guarda ao Grão-Senhor: a cada guia da tenda do Imperador se posta hum dos Spahis a cavallo, e hum Janizaro a pé; o mesmo se pratíca com o Grão-Vizir: os cofres do exercito são guardados por Spahis. Estes não recebem pagamento senão de tres em tres mezes: o seu soldo nunca augmenta em tempo de guerra; mas em recompensa disto, o Grão-Senhor lhes manda dar no exercito todos os viveres pelo mesmo preço que em Constantinopla; o que os allivia indizivelmente. Não lhes he prohibido casar; mas raras vezes o fazem, porque são menos bem avaliados. Conta-se no Imperio Ottomano mais de vinte e quatro mil Spahis.

CA-

CAPITULO XXVIII.

Terceira especie de Cavalleria no ser-
viço do Grão Senhor.

OS *Juruklaros* são huma especie
de milicia, que ha em Romania,
e cujas rendas passão de pais a filhos : chegão a compôr quasi mil e
trezentas familias. Outros ha que se
denominão *Ogickfos*, que quer dizer
Chamines, que poderão montar a sinco mil casas. Estes homens estão obrigados a se quintarem todos os annos,
ou a darem sinco pessoas de cada trin-
tena, as quaes tem o nome de voluntarios. Estes devem-se ir unir aos
Tartaros, para fazerem correrias na
Russia, na Polonia, ou em outros lugares. Huns aos outros se rendem todos os annos. Os vinte e sinco que
ficão, não são obrigados a servirem
em pessoa na guerra ; mas em caso
de necessidade, devem mandar hum
ou dous homens em seu lugar. O seu
principal exercicio he servir a artilheria,

ria, ter cuidado na bagagem, e nas
munições, aplainar os caminhos, e
concertar as pontes para a passagem
do exercito.

O Egypto fornece de tropas ao
Grão-Senhor por differente maneira
de todo o mais Imperio. Confia-se este Reino ar doze *Beys*, que tem o
commando absoluto de toda a milicia. Cada Bey conserva quinhentos homens de guerra, que lhe servem de
guardas, e que fazem parte da sua
comitiva. Aquelles doze Capitães governão vinte mil cavalleiros, que são
pagos á custa do paiz. Os cavalleiros tem obrigação de escoltarem os
Peregrinos que vão a Méca, e de con-
duzirem seguramente á Corte Ottomana o tributo de seiscentos mil Sequins, que paga o Egypto ao Grão-
Senhor. São tambem obrigados a es-
torvarem as invasões dos Africanos,
que habião nas montanhas, e que
muitas vezes sahem de seus rochedos
seccos, e aridos, para invadirem as
terras pingues, e ferteis do Egypto.
Além do número de homens, de que

aca-

acabo de fallar , ha ainda mais no Egypto dezoito mil Timariotes , dos quaes
fe mandão todos os annos tres mil para Candia para o ferviço do Sultão.
Os Tartaros , os Valachos , os Mol-
davos , e os habitadores da Tranfilvania são obrigados a darem gente de
guerra ao Grão-Senhor todas as vezes que elle lha pede. Os Tartaros
envião-lhe cem mil homens debaixo
do commando do feu Tartarbão ,
quando o Sultão governa o exercito ,
mas quando efte he commandado pelo Grão-Vizir , o Tartarbão manda
feu filho , ou, fe efte não póde ir ,
o feu primeiro Miniftro com quarenta, ou fincoenta mil homens. Quanto
aos Principes de Valachia , de Molda-
via , e da Tranfilvania , nunca são
difpenfados de irem fervir pefsóal-
mente , leyando comfigo cada hum
fete ou oito mil homens.

Ha outra gente de guerra na Turquia chamada Arcangizos , que não
tem foldo , nem Timares , e que fervem fómente para ferem ifentos dos
tributos ordinarios que fe impóe no
Im-

Imperio , ou na esperança de alcançarem algum posto , ou emprego no exercito, quando vagar. O Grão-Senhor se serve delles para arruinar os paizes inimigos , assim em tempo de guerra , como em tempo de paz. Sempre estão aquartelados nas fronteiras , para pontual , e continuadamente estarem fazendo correrias nos Dominios dos Principes visinhos , e para incommodar, e atenuar seus vassallos. Quasi sessenta mil homens desta especie de tropa guarnecem as fronteiras da Europa , e outros tantos as da Asia. Ordinariamente se dá o commandamento dos Arcangizos a Capitães pobres , que servírão bem , para deste modo se lhes facilitar meios de se enriquecerem. Em tempo de guerra manda o Sultão augmentar o número desta tropa , segundo lhe parece.

CAPITULO XXIX.

Infanteria Turca.

OS *Janizaros*, os *Chiaus*, os que são empregados na Artilheria, e outros deſtinados para o ſerviço dos Governadores, e dos Bachás, fórmão os differentes córpos, que compõe a Infanteria Turca.

CAPITULO XXX.

Dos Janizaros.

OS *Janizaros* fórmão a força mais conſideravel do Imperio depois dos Spahis : he denominada *Milicia nova*, não obſtante trazerem ſua origem de Ottomão I. Mas como Amurat III. lhes concedeo grandes privilegios, a Hiſtoria dos Turcos não faz menção delles ſenão deſſe tempo por diante. Elle foi, verdade ſeja, quem fez leis para a ſua policia, e para ſua mantença.

Os

Os Janizaros ao principio não paſſavão de ſete mil , e hoje montão a quarenta mil ; e mais ainda , ſe quizermos contar os que tomão a qualidade de Janizaros , e gozão de ſeus privilegios , porque então excedem a cem mil , os quaes não recebem paga , nem tem ſeus nomes aliſtados ; porque querem ſer exemptos de pagar muitas impoſições ; e de alguns deveres públicos , dão certa ſomma , e fazem preſentes todos os annos aos officiaes , que os protegem , e que os fazem paſſar por Janizaros.

Eſta Milicia em outro tempo não ſe compunha ſenão de Chriſtãos , que, captivados na ſua infancia , tinhão ſido inſtruidos no Mahometiſmo ; porém iſto já não ſe pratica ; porque hoje não ſe recebe para Janizaros , ſenão Turcos naturaes. Antes de paſſarem a Janizaros , eſtá eſtabelecido por lei , que, ſem excepção de peſſoa , vão ter certos exercicios para ſe habilitarem , ſem o que, nenhum entra em tempo de paz , e ainda em tempo de guerra , ſe a neceſſidade não obriga ao

con-

contrario. Os exercicios , em que fe empregáo eftas efpecies de noviços militares , sáo penofiffimos , e os mais
capazes de fortalecer o corpo , e de
o acoftumar ao trabalho , como por
exemplo , cortar , e rachar madeiros ;
carregar com grandes pezos ; foffrer
o frio , e o calor ; ferem humildes ,
obedientes , vigilantes , e pacientes ;
em huma palavra , a tudo o que os
póde fazer capazes de fupportar todos os incómmodos , e fadigas da
guerrra.

A maior parte deftes *Agiamogla-*
nos , que he o nome, que fe lhes dá
na Turquia , eftá aquartelada nos jardins , ou hortejos do Serralho do Gráo-
Senhor : fua occupação he cultivar a
terra , plantar arvores , concertar , e
fazer os inftrumentos ruraes , e fe a occafiáo o pede , fazerem as coufas mais
abjectas , e as mais penofas , até que
a neceffidade , que ha delles para a
guerra , obrigue feus Officiaes a ali-
viallos. Entáo váo alojar-fe nos quarteis dos Janizaros , que eftáo em Conftantinopla. Para ahi ferem admittidos

não

não he precifo mais que chamallos por
feus nomes em prefença do commiffario, que lhes affenta praça nos regif-
tros do Gráo-Senhor. Quando váo a
efte acto, todos marchão em huma
fileira, indo os mais idofos adiante,
e cada hum vai pegando nas abas
do veftido do que lhe antecede. Ainda bem feu nome não eftá lançado no
livro de regiftro, quando já correm
acceleradamente para o guarda do feu
quartel, o qual dá em cada hum fobre a nuca hum brando cachaçáo, para fazer conhecer defta maneira, que
todos elles lhe eftáo fujeitos, e efte
he o modo de fazer os Janizaros.

Entre eftes *Agiamoglanos* alguns
ha, que não ganháo mais de hum *Af-*
pre por dia : efta moeda equival a fete, ou oito réis do noffo dinheiro,
outros tem quatro, ou finco, e alguns
chegáo a ter fete *Afpres* e meio; e
quando o favor dos Officiaes he grande, monta o foldo a doze Afpres, que
he o mais que póde ganhar por dia
hum Janizaro.

Além do vencimento diario em
di-

dinheiro, são os Janizaros fuſtentados
á cuſta do Grão-Senhor. A certas horas reguladas ſe lhes dá a cada hum
arroz, vaca, é páo. São commenſaes
todos em refeitorio. O Grão-Senhor
os farda todos os annos, e dá a cada
hum huma farda de lá groſſa muito
quente, e muito cómmoda: eſte far-
damento he diſtribuido por elles em
cada quartel no mez do Ramadão.
Como os Janizaros vivem fartos, en-
ſoberbecem-ſe, são amotinadores, in-
ſolentes, e eſtão ſempre diſpoſtos pa-
ta excitarem ſedições, quando o menor
deſcontentamento, que tem de ſeus
Officiaes, lhes offerece occaſião. Se
iſto alguma vez ſuccede, principião
a moſtrar o ſeu reſentimento na aſſembléa pública do *Divan*, aonde regularmente ſe devem achar quatrocentos,
ou quinhentos todos os domingos,
ſegundas, terças, e quintas feiras de
cada ſemana, para acompanharem o
ſeu General.

Naquelles dias ſe lhes dá de comer das cozinhas do Sultão. Quando
não eſtão deſcontentes, jantão com

todo o sócego; mas se pelo contrario
estão estimulados, empurrão os pratos, derramão o comer pela meza, e
dáo a conhecer desta fórma, que elles tem mais desejo de se vingarem
dos Ministros, que de se assentarem
á meza. Estas acções são ordinariamente seguidas de discursos insolentes; mas o Gráo-Senhor, e os officiaes que tem observado, que aquelles motins tiverão muitas vezes pessi-
mas consequencias, não perdem a occasião de os apaziguar, dando-lhes logo huma leve satisfação, ou fazendo-
lhes grandes promessas.

O General desta Milicia chama-se
Aga, ou *Janizar-Agasi*, sempre he
tirado da camara do Imperador; porque importa muito não conferir este
cargo, senão a pessoas de confiança,
para que estas ganhando a vontade
dos seus primeiros Officiaes, estes so-
ceguem os animos dos seus soldados;
o que assim tem succedido milhares
de vezes.

O *Aga* nunca sahe fóra em Constantinopla sem ser acompanhado de
hu-

huma guarda de quatroçentos, ou quinhentos foldados defte corpo, fo- bre quem tem mando abfoluto. Anti- gamente o *Aga* era elegido pelos Ja- nizaros, e fahia defta mefma tropa; mas como aconteceffe entre elles ácer- ca difto, e em certa eleição, grande tumulto, e difputa, fupplicárão ao Gráo-Senhor que quizeffe eleger o feu Aga de entre os feus Aulicos, ou pagens honorarios, o que lhes foi concedido com tanta mais facilidade, quanto defte modo o Sultão fe fazia Senhor de hum dos cargos mais con- fideraveis do eftado. Quando o Aga fe faz amar dos Janizaros, póde tudo entre os Turcos, e neftas circumftan- cias não ha official mais poderofo, que elle na *Porta*; mas a politica do Gráo-Senhor bufca ardilofos meios de fazer que os Janizaros eftejão de má fé com o Aga, para affim eftor- var a união, e boa correfpondencia, que póde haver entre aquella tropa, e o feu chefe.

A tropa Janizara tem dez Officiaes principaes, que são: o General, ou
Aga,

Aga ; o Tenente. General ; o Quartel-Meſtre , ou Inſpector da bagagem dos Janizaros ; o Guarda-Mór das aves, ou grous do Gráo-Senhor ; o Guarda-Mór dos grandes cáes do Sultáo; o Guarda dos ſabujos , ou cáes de caça ; o Capitáo de Archeiros ; iſto he, dos Janizaros armados de arcos, e frechas ; o Capitáo Bailio, ou da Nobreza, que anda a par do Imperador, quando apparece em público; o Pagem-maior , ou Commandante dos Pagens , e o Intendente Geral dos Janizaros, que julga de todas as deſavenças, e letigios deſta Milicia. Deſtes dez Officiaes Generaes , ſó os dous primeiros náo sáo promovidos dos Janizaros : para augmentar o ſeu poder, e a ſua authoridade , o Gráo-Senhor lhes dá rendas, e outros cargos.

Os Janizaros náo tem quarteis em outra parte , ſenáo em Conſtantinopla : os que náo sáo caſados, ahi tem o ſeu alojamento, e cada quartel tem hum Inſpector , que em tempo de guerra occupa o lugar de Tenente da companhia. Os outros Officiaes de

de cada quartel, são: o comprador,
ou difpenfeiro; o Alferes, ou Porta-
Eftandarte; o cozinheiro; o aguadei-
ro, e o fob-cozinheiro. O cozinheiro
he quem vigia, e obferva os Janizaros, e que os caftiga, quando commettem alguma falta. O fob-cozinheiro he obrigado a ir avifar os Janizaros cafados, para alguma acção militar, quando he neceffario, ou para
irem á prefença dos feus Superiores.

A maior parte dos Janizaros vivem no eftado de celibato, pofto
não terem objecção para cafar; mas
como o cafamento he hum obftaculo
invencivel ao feu adiantamento, e á
fua fortuna, poucos casão. Na Corte
Ottomana fe eftá perfuadido de que
o embaraço de huma familia não fe
conforma, nem convém de modo algum ao ferviço do Imperador. Em
tempo de paz eftão os cafados difpenfados de toda a obrigação, á excepção de em todas as quintas feiras
viïem aos feus quarteis, ou de appa-
recerem aos feus Officiaes, quando
eftes os mandão avifar.

Os

Os Turcos avalião, e refpeitão efta Milicia como a mais valente, e mais bem difciplinada: efte o motivo, porque os Janizaros fazem fempre o principal corpo do exercito. Em tempo de paz são mudados algumas vezes de quartel, para affim os divertir, e apartar da ociofidade, temendo que haja algum levantamento; vão deftacados para Hungria, Rhodes, e para outras partes: alguns montão guarda ás portas, e ás entradas das ruas de Conftantinopla, para impedirem as violencias, que feus camaradas quererião fazer aos Chriftáos, aos Judeos, e a outras peffoas. Para reprimir as defordens, anda o feu General ordinariamente a cavallo pelas ruas, acompanhado, de trinta, ou quarenta meirinhos; e quando acha algum em falta, ou commettendo crime, o manda prezo á fua ordem, e depois de examinado o delicto, lhe impõe o caftigo, fegundo a gravidade da culpa, até o mandar degolar, ou metter vivo em hum facco para o deitarem no mar; mas a execução

de-

deſta ordem he ſempre em ſegredo,
receando que por ella ſe não cxcite
alguma ſedição.

Em cada Provincia tem os Janizaros ſeus Coronéis. Eſtes abusão fre-
quentiſſimamente da ſua authoridade,
concedendo com torpeza, e venalida-
de a particulares os privilegios de ſeus
córpos. As armas ordinarias dos Janizaros são a eſpada, e a eſpingarda:
combatem em confusão, e ſem ordem
á maneira dos Spahis, com differença ſómente de que algumas vezes fórmão batalhões triangulares como antigamente os Romanos. Eſta tropa não
he tão viſtoſa como os Spahis, mas
são mais bem reputados que eſtes;
porque o ſeu número he maior, tem
mais união, e são mais fiéis entre ſi.
A’ medida que fazem algum bom ſerviço, ſe lhes augmenta o ſoldo, o que
os eſtimula muito a obrar bem : além
diſto a certeza, que tem de que tor-
nando-ſe inválidos no ſerviço, hão
de ſempre vencer ſoldo, e irão para
o número dos *Oturaques*, os anima
muito nas acções. Denominão-ſe *Otu-*

ra-

raques os soldados Turcos, que já são inúteis por sua velhice, por algum desar da guerra, ou por alguma causa apparentemente justa. São isentos de servirem, e de irem á guerra, não obstante continuar-se-lhes seu soldo em quanto vivem. Os Officiaes fazem Oturaques pelos mais leves motivos; com tanto que se lhes dé dinheiro, ou dahi recebão alguma utilidáde.

A' medida que os Janizaros casados vão tendo filhos, o seu soldo vai tambem augmentando de hum aspre por dia, para deste modo se lhes subministrar meio de os crear. Se morrem sem filhos, o seu quartel he o seu herdeiro; e ainda quando os tem, sempre o quartel participa da herança, e tudo, o que recebe, se mette no negocio, ou dá a juro para utilidade do mesmo quartel. De mais, o Gráo-Senhor obriga a dar-se-lhes mais barato todas as cousas necessarias á vida. Quando os Janizaros vão á guerra, tem hum carro para a bagagem de dez soldados, e hum camelo para cada vintena de tendas de campanha.

Es-

Efta Tropa naõ entra de guarda no Serralho do Sultaõ, porém fómente ás portas, e ruas da cidade, e ainda que naõ tenhaõ mais arma que hum leve bordaõ na maõ, nem por iffo deixaõ de fer temidos, e refpeitados fobre maneira de todos. As fuas armas eftaõ arrecadadas debaixo de chave, e naõ fe lhes daõ, fenaõ quando vaõ á campanha, pelo grande receio que ha de que abufem dellas na cidade. Os dias em que eftaõ de folga, exercitaõ-fe em difparar frechas, e em atirar ao alvo com feus *arcabuzes*, e tem efte exercicio em lugares deftinados, que saõ grandes terrenos que eftaõ no recinto de feus alojamentos.

Efcolhe-fe entre os Janizaros trezentos, ou quatrocentos dos mais robuftos, e mais experimentados; aos quaes fe chama *Solaes*, para irem em torno do Graõ-Senhor quando efte vai á campanha. No dia da batalha vaõ armados de frechas, e naõ levaõ armas de fogo por naõ amotinarem o Imperador com o eftrondo das armas, nem efpantarem o feu cavallo. Ainda na

paf-

paſſagem dos rios o não deſampáráo, e paſsão a nado levando-o ſempre no meio delles. Em cada paſſagem de rio lhes dá o ſeu Soberano
huma ajuda de cuſto, ou premio,
que vem a ſer, hum cruzado a cada
hum, quando a agoa lhes chega
ao joelho, dous quando lhe chega á
cintura, e tres quando excede a eſta
altura. Se o rio he procelloſo então
montão a cavallo, e a todo o riſco
ficão ſempre reſponſaveis da peſſoa do
Principe; motivo porque ſempre ſon-
dão o váo attentamente em qualquer
occaſião que ſeja.

Os Janizaros preſtão dous jura-
mentos quando aſſentão praça. O primeiro he de ſervir bem, e fielmente o Imperador: o ſegundo, de querer, e approvar tudo o que ſeus camaradas quizerem, o que os une, e
liga de tal ſorte, que no Imperio Ottomano não ha poder que ſe lhes
compare. Quaſi de ordinario não ha
mais de quatorze, ou quinze mil na Capital; os outros eſtão de guarnição pelas fronteiras, aonde approvão ſempre

pre as defordens que feus companheiros commettem em Conftantinopla.

CAPITULO XXXI.

Dos Chiaús.

OS *Chiaús* são huma especie de
tropa, que trazem hum alfange,
hum arco, frechas, e hum páo curto,
groffo, e com huma chamorra em hum
dos extremos. Os que fervem o Gráo-
Vizir, e os Governadores, cobrem de
folha de prata todo aquelle bordão:
não affim os que fervem os Bachás.
O húmero defta Infanteria, he com
pouca differença de mil homens, entre os quaes ha quarenta deftinctos,
os quaes são como correios, e pofti-
lhões do Gráo-Senhor, affim para levar as ordens, e fazer conhecer a
vontade de S. Alteza Imperial em
feus eftados, como para levar cartas
aos Principes Eftrangeiros. Ajuntão-fe
no Palacio do primeiro Vizir para receberem as commifsões, de que são
encarregados, e ordinariamente fe ad-
mit-

mittem a estes empregos os Chriftãos arrenegados, tanto para lhes dar modo de fubfiftir, como por caufa da diverfidade de linguas, que fallão. Os outros são á maneira dos noffos Officiaes de Juftiça: são empregados ordinariamente nos letigios, e actos civís, que os particulares tem huns contra os outros. Elles fazem as citações, prendem, levão as partes á prefença do Juiz; e fe póde haver compofição entre os litigantes, são elles os medianeiros, porque dahi tirão algum proveito. O feu falario monta de doze até trinta afpres por dia.

CAPITULO XXXII.

Dos Topchifos.

OS *Topchifos* são Artilheiros, affim chamados por ferem derivados do vocabulo *Tope*, que fignifica peça, ou canhão de Artilheria. O número delles chega a mil e quinhentos, e eftão diftribuidos em fincoen-

ra e dous quarteis. O feu alojamento
he nos fuburbios de Conftantinopla.
Poucos, ou nenhuns ha bons na fua
profifsáo. Os Turcos bem conhecem,
e confefsáo ingenuamente que carecem
de bons Artilheiros: por efta caufa,
quando na guerra fazem algum pri-
fioneiro Chriftáo, que feja de Artilheria, o eftimáo mais, e o tratáo melhor que aos outros prifioneiros, fó
a fim delle fe confervar: dáo-lhe alojamento com os Topchifos nacionaes
em feus mefmos quarteis, e tem de
foldo oito, ou dez afpres por dia;
mas a maíor parte deftes prifioneiros
náo fe deixa attrahir daquelle bom
tratamento, náo efpera fenáo a occafiáo de defertar para outra vez voltar
para a fua patria.

Os Officiaes dos Topchifos sáo o
Gráo-Meftre de Artilheria; o Chefe
da Fundiçáo, o Capitáo dos quarteis
de Artilheria, e o Commiffario, o
qual he fempre hum Spahis.

As peças de Artilheria na Turquia sáo táo grandes, e táo boas como na Naçáo mais civilizada. Alguma

ma polvora se faz nos arrabaldes de
Constantinopla, mas não he a mais
bem reputada; os Turcos avalião em
mais a que se fabrica em Damasco:
as suas maiores balas chegão a ter quarenta pollegadas de diametro; mas ordinariamente são feitas de pedra, e
não se servem dellas senão em praças
maritimas.

CAPITULO XXXIII.

Dos Gebesis.

O S *Gebesis* são espingardeiros, cujo nome se deriva do vocabulo
Turco *Gebes*; isto he, couraça. Ha
seiscentos e trinta na Turquia, e estão distribuidos em sessenta quarteis
ao pé de Santa Sofia em Constantinopla. Empregão-se em alimpar, e concertar as armas do tempo passado;
porque os Turcos as considerão, e respeitão como trofeos das suas conquistas. O vencimento diario de cada Ge-
besi he de oito até doze aspres. Tem
hum Commandante em chefe, e hum
su-

superior em cada quartel. Estes espingardeiros são necessarios em todas
as expedições militares, e no dia da
batalha elles são, que aos Janizaros dif-
tribuem as armas, cuja guarda lhes
he confiada.

CAPITULO XXXIV.

Dos Delis, ou Delizos.

A Palavra *Deli* significa em linguagem Turca *Nescio*, ou *Doido*.
Os Delizos são guardas do Grão-Vizir, e ordinariamente se contão de
cem até quatrocentos, segundo a magnificencia de tratamento do Vizir.
Cada hum ganha por dia de doze até
quinze aspres. Todos são naturaes de
Bosnia, ou de Albania, e o seu ves-
tuario he ridiculissimo. São mui bem
apessoados, e de desmarcada estatura;
o seu fallar he arrogante, e suas con-
versações versão sempre sobre combates, e acções de valentia. Marchão
a pé pela cidade, indo adiante do
primeiro Vizir para lhe desempedir o

caminho., quando elle vai ao Divan.
Mas em tempo de guerra, se o Vizir vai á campanha, e elles o seguem,
então vão a cavallo de huma maneira pomposa, e correspondente á grandeza de seu corpo, e ao seu pezo. Suas
armas são lança, espada, acha de
armas, e álgúns trazem de mais pis-
tolas na cintura. São naturalmente
mais fiéis que os Turcos. Tem hum
chefe, que vigia sobre elles, e lhes
inspira amor, e fidelidade ás ordens
do Gráo-Vizir.

CAPITULO XXXV.

Dos Seghbans, e dos Sirigias.

OS Governadores das Provincias,
e os Bachás occupão sempre esta milicia. Os Seghbans guardão a
bagagem da cavalleria, e os Sirigias
a da infanteria. Aquelles servem a
cavallo á maneira dos Dragões, éstes
servem a pé com espingarda, e espada como os Janizaros. Além da co-
medoria que se lhes dá, tem de soldo

do o que corresponde a quatorze, ou dezoito tostões cada mez. Os Governadores, que muitas vezes se rebellárão, formárão córpos desta especie de tropa para se oppôrem aos Janizaros, e para os combater.

CAPITULO XXXVI.

Dos Mulhagitas, è Beslitas.

OS Mulhagitas, e Beslitas são famulos dos Governadores, e Bachás. Os primeiros são muito déstros em jogar o dardo, ou disparar settas, que he muito usual entre os Turcos. Como esta destreza he muitas vezes recompensada, os Turcos fazem deste exercicio huma das suas principaes occupações. Sempre os Imperadores Ottomanos tiverão muito gosto de ver aquelle exercicio, e assistem com frequencia aos combates, que os Bachás ordenão entre a sua mesma tropa. Esta peleja com tanto calor disputa de tal sorte a honra da acção, perante o seu Sultão, que chega a

P ii

igua-

igualar a crueldade dos antigos Gla-
diadores. Os Beslitas são criados de
pé, que, porque são muito ageis, e
correm como andarilhos, vem a ſer
muitas vezes Janizaros.

CAPITULO XXXVII.

Da maneira de acamparem os Tur-
cos.

Agora diremos o que os Turcos
executão quando marchão para
a guerra, e quando acampão.

A' teſta do exercito vão os Janizaros, e toda a milicia pedeſtre; as
ſuas tendas rodeão a do ſeu General.
No centro do arraial eſtão poſtos os
magnificos pavilhões do Grão-Vizir,
do Mórdomo da ſua caſa, do Chan-
celér do Imperio, do Theſoureiro Geral, e do Meſtre das ceremonias. Os
pavilhões occupão muito terreno, deixando no meio grande eſpaço vaſio,
no qual eſtá collocado, e levantado hum grande docel, que fica inferior a hum grandiſſimo toldo, de-
bai-

baixo do qual se fórma o Senado , se
sentenceáo as causas , e os crimino-
sos , e se abriga a comitiva do Divan. No mesmo lugar está posto o
dinheiro fechado em pequenos cofres
postos em pilha huns sobre outros ,
e guardados por quinze Spahis , que
ficáo de guarda a elles de noite. Proximo a este quartel estáo abarraca-
dos os Governadores , os Bachás , e
outras pessoas de distincta qualidade,
que com as de seu sequito fórmáo
huma parte consideravel do exercito,
Na retaguarda delles estáo acampados
os Spahis , e os que sáo destinados
para servirem a cavalleria , como os
Seghbans , e outros. Ao lado direito
do Vizir , fóra do acampamento , estáo as munições , e a Artilheria.

Os pavilhões , ou tendas de campanha do Gráo-Vizir , e das mais
pessoas de qualidade, sáo de tal magnificencia , que melhor lhes compete
o nome de Palacios. Sáo de grandeza
prodigiosa , guarnecidas interiormente
de tapessarias de bordadura de ouro ,
e de prata , de moveis preciosos , e de
tu-

tudo o que se poderia defejar para ornar, e guarnecer fauftuofamente qualquer fala. Ainda que eftes Palacios portateis, e toda a equipagem, que delles depende, pezem muito, e fejão de difficil tranfporte, todavia ós Turcos não deixão de marchar todos os dias finco, óu feis horas. A bagagem he tranfportada por cavallos, por machos, e por camêlos. Os homens de qualidade tem duas equipagens de tendas. Na vefpera do dia, em que o Gráo-Vizir ha de marchar, mandão elles partir huma, de forte que quando chegão aô lugar em que fe faz o acampamento, já achão as fuas tendas armadas, e promptas. Eftas grandes equipagens são caufa de haver tantos cavallos, machos, e camêlos no arraial dos Turcos, e tantos milhares de homens, de que tem precifão para ufo, e ferviço dellas, que a defpeza que fe faz, he de quantia immenfa.

O ufo do vinho he prohibido aos foldados Turcos, fob-pena de morte quando vão á campanha. Efta abftinen-

neicia os faz sobrios, vigilantes, e
obedientes, e concorre tambem para
em seu arraial não haver alaridos, motins, nem pendencias, nem ainda nos
lugares, por onde passão em tempo
de marcha.

O campo dos Turcos está tão acea-
do, e limpo, como a cidade de melhor policia. Fazem covas entre as
barracas para as necessidades ordinarias; estas covas são engradadas por dentro de madeira; e quando se vão en-
chendo, deitão-lhes terra para as acabar de encher, e cobrir, e abrem
outras em outro lugar; de sorte que
não ha o menor fetido no campo.

Quando o exercito marcha no Estio, ou em tempo de grandes calo-
tes, fazem partir as bestas que levão
à bagagem ás sete horas da tarde: os
Bachás, e o Vizir partem precisamen-
te á meia noite, e vão rodeados de
tantas luzes, que a claridade iguala
quasi a do dia. Estas luzes não são
nem de archotes, nem de tochas, mas
sim de huma especie de vasos de ferro, prezos em cada extremo de va-

ras compridas de madeira, e em que
dentro ardem lenhas oleosas, e bitu-
minosas. Estes instrumentos não, se as-
semelháo mal aos que se vê nos pai-
neis, e tapeçarias antigas, aonde estáo
representadas algumas acçóes da Historia Romana, ou para melhor dizer,
dos Romanos acontecidas de noite.

CAPÍTULO XXXVIII.

Das forças maritimas do Imperio Ottomano.

AS forças navaes dos Turcos não
são consideraveis: tem todavia
em seus estados modo, e abastança
para construirem náos, e apromptarem huma armada; mas as perdas
que tiverão no mar, lhes fez perder
toda a esperança de restaurar sua marinha, e podemos dizer que não tem
senão *Galeras*. Não careçem de escravos para remar; os Tartaros os bas-
tecem de grande número delles: em
Constantinopla ha muitos particulares,
que alugão os seus de verão a quarenta

ta mil reis por viagem. Se acontece fugir algum delles, tornáo a remettello fielmente a seus alugadores. Quando estes escravos náo bastáo, fazem-se levas nas Provincias, que remettem rapazes fortes, e vigorosos. Cada vintena de familias aprompta hum, e á excepçáo daquella, de que sahe, as outras dezenove tem obrigaçáo de pagar os quarenta mil reis, que se lhe dá pela viagem. Quando recebem o dinheiro, dáo fiador á promessa de servirem bem, e de náo desertarem; como porém náo estáo acostumados ao mar, nem ao remo, náo se tira delles grande proveito.

Outros ha que se offerecem voluntariamente, e que se obrigáo a servir em todo o Estio pelos mesmos quarenta mil reis, e raçáo de biscouto. Os mais fortes de todos elles, sáo os Serranos das visinhanças de Troia em a Anatolia.

Alguns Zaims, e Timariotes sáo obrigados ao serviço naval, e possuem terras com esta condiçáo; mas como os náo obrigáo a ir pessoalmente,

man-

mandão certo número de criados seus, ou escravos á proporção do que valem as terras. Tambem alguns vão dos Janizaros, e dos Spahis, mas nunca vão dos melhores, nem dos veteranos.

As tropas auxiliares de que os Turcos se servem em suas expedições maritimas, são-lhes mandadas de Tripoli, de Tunes, de Argel, e das ilhas do Archipelago. Ha nestas ilhas quatorze Governadores, cada hum dos quaes tem huma Galera sua, que elle governa, e administra á sua custa com as rendas de certas ilhas, que se lhe entregão. Sempre estas Galeras são mais bem esquipadas, e bastecidas que as de Constantinopla; mas não as expõe de boa vontade aós accidentes de hum combate, porque os Governadores as considerão como á melhor, e mais bem avaliada porção de seus bens. Os Governadores entregão-se muito aós seus prazéres, e mais cuidão em satisfazer a suas paixões, que em adquirir reputação pelas armas. Todas as prezas, que se fazem

na

na estação do Estio, em quanto as
Galeras estão encorporadas na Esquadra, pertencem ao Grão-Senhor; mas
as que se fazem em tempo de inverno pertencem aos Governadores.

Os artilheiros, que servem na Armada dos Turcos, são sobejamente
ignorantes. São ordinariamente Christãos Francezes, Inglezes, Hollande-
zes, e outros; porque na Turquia se
imagina que basta ser Christão, para
ser bom artilheiro, e para manejar
bem todas as especies de armas de
fogo; e isto a pezar de toda a vergonha, e perda que tem experimen-
tado por causa da ignorancia de semelhante gente, sem com tudo se terem
desenganado.

O Almirante, ou Generalissimo da
Armada naval dos Turcos se denomina *Capitão Bachá*. He este hum dos
primeiros postos, ou cargos do Imperio: tem debaixo das suas ordens hum
Lugar-Tenente, e hum Intendente do
Arcenal. Este ultimo he encarregado
de todo o provimento, e munições
da Esquadra. Como este cargo se compra,

pra, á maneira de quaſi todos os
mais, rouba quanto póde, para ſe in-
teirar da ſomma que deo para entrar
no emprego.

Os Capitães das Galeras fazem o
meſmo, de ſorte que não ha hum ſó
daquelles Officiaes, que não roube ſeu
amo em tendo occaſião de o fazer.
Eſtes Capitães são commummente arrenegados Italianos, ou peſſoas que
delles deſcendem, e forão creados,
e mantidos no Arcenal. Eſtes Officiaes
mandão a ſua chuſma em linguagem
Italiana corrompida, a que os Turcos chamão *França*.

Como os Turcos julgárão, ainda
que erradamente, que impoſſivel lhes
era ſerem tão fortes, e poderoſos no
mar, como os Chriſtãos, não conſ-
tróem Navios ſenão de baixo bórdo,
ou ligeiros, que lhes ſervem para
correrias, piratagens, para abrazar, e
incommodar as coſtas viſinhas, e para transportar ſoldados, viveres, e
munições para Candia, e para outros
lugares, aonde tem praças maritimas.

CAPITULO XXXIX.

Do Governo Civil.

POdemos dividir o Governo civíl em duas partes, judicial, e politico. A juftiça fe exerce em cafos civeis, e criminaes : a policia tem infpecção fobre os commerciantes, obreiros, e fobre a ordem que fe deve guardar nas feiras, e praças públicas. Fallaremos pois de cada huma deftas coufas em particular.

CAPITULO XL.

Da Juftiça do Divan em faEtos criminaes.

O Principal lugar, aonde fe adminiftra a Juftiça, chama-fe *Divan*, que no noflo idioma fignifica *Senado*, ou *Audiencia*. O de Conftantinopla he denominado *Gran-Divan*; para o diftinguir dos que ha em cada Governo da Turquia. Em todos os domingos,

gos, fegundas, terças, e fabbados
de cada femána ha Divah. O Gráo-
Vizir prefide a elle acompanhado de outros Miniftros que tem
affento no Divan. Efte Tribunal he
em huma fala terrea, que eftá dentro do fegundo pateo do Serralho:
feu tecto he eftucado com infignes
molduras, e pinturas por dentro, e
coberto de chumbo por fóra: o pavimento eftá coberto com hum tapete
da Perfia, fobre o qual fe anda fem
diftinção de peffoas.

Todos os Officiaes Militares, de
Juftiça, e mais pertendentes, ficão no
fegundo pateo em quanto dura o Divan; e ainda que alli ordinariamente
fe achem fete, ou oito mil peffoas,
todavia não fe ouve vozeria, nem ao
menos fe percebe o minimo fufurro.
Os Janizaros eftão na parte inferior
do pateo ao longo das cozinhas, e
não eftão armados fenão com huma
cana da India, guarnecida de encarnado em ambas as extremidades, e
no meio. O Divan dura quatro horas,
e nefte tempo o Aga ouve, e defpa-
cha

cha os requerimentos dos Janizaros; e para evitar a confusão, pois ordinariamente são mais de tres, ou quatro mil, nenhum póde fahir do feu lugar, fem fer chamado. Quando elles tem alguma coufa, que lhe dizer, ou que lhe propôr, o dizem, ou entregão feus requerimentos a hum de feus dous camaradas que alli fervem de menfageiros delles para o Aga, e para a efte entregar os requerimentos.

A' porta do Divan eftão de guarda os *Capigis*, não para eftorvar a entrada, porque ninguem fe atreve chegar a ella; mas para receberem pontualmente as ordens, que fe lhes communicão, e as darem á execução: he a elles que mais frequentemente o Gráo-Senhor manda ir degollar os fubditos, de quem tem alguma fufpeita nas Provincias dos feus eftados. Os *Capigitas* são encarregados das guardas das portas do Serralho. Ordinariamente alli fe achão mil commandados por oito chefes. Quando ha Divan andão de huma para outra parte
te

te na fala, e fóra della, para executar as ordens do Gráo-Senhor.

Quando todos os Miniftros tem
formado o congreffo do Divan, o Sultáo vem a huma fala, acompanhado
do chefe dos Eunuchos brancos, do
feu primeiro Camarifta, e de tres
mudos, que eftáo atrás da porta para degollarem aquelles, que praz ao
Sultáo mandar matar. Logo que o Imperador toma affento em feu Throno,
o chefe dos Eunuchos fahe da fala,
e vai por huma galeria mandar abrir
a porta que correfponde ao pateo principal do Divan; o que ferve de final
áo Superior dos Janizaros para elle ir
dar conta do feu procedimento ao Sultáo. O Aga fe levanta inftantaneamen-
te, e atraveffa todo o pateo acompanhado de quatro Capitáes da fua
tropa. Quando eftá já para entrar, vol-
tando-fe para elles, lhes pede que orem
a Deos, para que o Gráo-Senhor o
náo ache em falta, e tenha commife-
ração delle: entrando fe retíráo aquelles quatro Officiaes para os mefmos
lugares, que occupaváo antecedente-
men-

mente. Se o Gráo-Senhor achou que o Aga he culpado, ou que commetteo algum delicto contra o feu ferviço, bate o pé, e efte final ferve de chamar os mudos, os quaes fe arremesáo ao defgraçado Aga, e lhe cortáo a cabeça, fem outra alguma fórma de proceffo; o que tantas vezes fuccede que he para pafmar que ainda haja na Turquia quem queira acceitar aquelle emprego.

Depois do Aga váo os Togados á prefença de S. Alteza ao mefmo lugar, mas náo eftáo fujeitos a ferem degollados, porque sáo Jurifconfultos. Ultimamente váo os Thefoureiros, o Gráo Vizir, e os mais Vizires, para refponderem de fuas acções: todos eftes náo sáo mais privilegiados, nem ifentos do furor dos mudos, que o Janizaro Aga.

Afóra defte meio, de que o Gráo-Senhor fe ferve para mandar matar os feus Officiaes, ufa de outro mais fingular, e vem a fer: envia-lhes pela manháa algum prefente, e algumas vezes o veftido, que trouxe no dia an-

Q   te-

tecedentemente ; o que paſſa ça mente dos Turcos pela maior honra , que
elle póde fazer a qualquer vaſſallo.
Dépois de jantar dá hum bilhete eſcripto , e aſſignado de feu proprio
punho a hum dos ſeus Officiaes , e o
manda levar áquelle meſmo , a quem
tanto honrou pela manhã : eſte bilhete he a ſentença de morte daquelle
infeliz, porque nelle lhe vai pedindo
a cabeça , ao que o miſeravel obedece com eſpantoſa reſignação , aſſim que
ó Official lho apreſenta , dizendo: *A
Real Cabeça do Imperador ſeja ſal-
va , e cumpra-ſe ſua alta vontade,*
e não pede mais tempo que o neceſſario para fazer ſua oração.

CAPITULO XLI.

Do Grão-Vizir.

HE do modo que acabamos de
expôr, que o Grão-Senhor admi-
niſtra juſtiça por ſi meſmo , quando
lhe parece conveniente. O Grão-Vizir
lhe dá conta da ſua adminiſtração todos

dos os domingos, e terças feiras de cada semana; e quando em qualquer dia acontece alguma cousa de consequencia, elle o avisa por escripto, e da mesma maneira recebe as resoluções, e conhece as intenções de seu Soberano. Por este meio manda elle degollar os que quer, porque, expondo ao Grão-Senhor que algum dos seus Officiaes lhe não he fiel, e que merece morte, não encontra nunca opposição no Imperador, e livra-se por este modo de todos os seus inimigos.

O Grão-Vizir vai muitas vezes de noite visitar as prisões, e vai sempre hum algoz com elle, para mandar matar em sua presença todos os que acha culpados, sem mais processo, que a sua vontade. Encontrando alguem sem luz pela Cidade, depois da ultima oração; isto he, tres horas depois de anoitecer em tempo de Inverno, o manda enforcar, ou dependurar na primeira parte que encontra.

CA-

CAPITULO XLII.

De outros Juizes do crime.

HA outros dous cargos da Judicatura; o *Subaſſi*, ou Grão-Capitão de juſtiça, e o Grão-Juiz. A principal obrigação do Subaſſi he de ir viſitar as priſões, e conhecer das cauſas dos preſos para fazer o relatorio dellas ao Grão-Vizir. Quando o Principe ſahe do Serralho, elle lhe toma a dianteira com ſincoenta ſoldados para lhe franquear paſſagem livre. Eſte Miniſtro tem quatro Lugares-Tenentes nos quatro bairros principaes de Conſtantinopla, cada hum dos quaes tem muitos Officiaes de juſtiça ſubalterna á maneira de Eſcrivães, Meirinhos, Alcaides, Belegins &c. Duas priſões ha em Conſtantinopla, que cada huma tem hum pateo, e huma fonte, ou chafariz no meio: são de dous andares: os criminoſos eſtão no debaixo, e os que eſtão preſos por cauſas cíveis, eſtão no de cima, aon-

de

de os Judeos eſtão ſeparados dos Turcos, e os Turcos dos Chriſtãos; mas os que eſtão em baixo, eſtão todos juntos como gente, a quem o crime fez igual entre ſi.

O Grão-Juiz ſe denomina commummente *Stambol-Cadizi*: toma conhecimento indifferentemente do civíl, e do criminal, e ningem póde ſer condemnado á morte, ſe elle o não condemna. Tem debaixo das ſuas ordens quatro Lugares-Tenentes em quatro differentes bairros para adminiſtrarem juſtiça ás partes; mas póde-ſe aggravar delles, e appellar de ſuas ſentenças para o Grão-Juiz da cidade.

O ſupplicio, que ordinariamente experimentão os criminoſos na Turquia, he a empalação. Aqui relataremos o modo deſta deshumana, e horrenda execução. Chega o réo ao lugar do ſupplicio carregado com o páo, ou vara groſſa, com que ha de ſer empalado, e que tem quaſi oito pés de comprimento, redondo, aguçado em huma ponta; e da groſſura de ſinco a ſeis pollegadas. Os executores

o defpem até ficar nú ; e nefte indecente eftado o deitão no chão de barriga para baixo: quatro delles, os mais
vigorofos lhe prendem as mãos, e os
pés, e lhos puxão, e eftendem o mais
que podem. Outro executor o rafga
no orificio pofterior com huma afiada
lanceta, ou navalha de barbear, e pre-
fentaneamente lhe deita na ferida abundante quantidade de certa compofição tão aftringente, que de repente
lhe faz vedar o fangue, então lhe
mette a ponta aguda do páo pelo orificio; e batendo no outro extremo
ccm huma grande maffa de ferro,
lho encrava no corpo, e lho faz fahir
pelo peito, pelas coftas, ou pelas ef-
paduas, fegundo o paciente lhe paga,
ou lhe tem fido recommendado. O juf-
tiçado nem fempre morre no acto de
o empalarem; muitas vezes ficão nefta dolorofa fituação dias inteiros, e
he o que faz que elles bufquem aca-
rear o executor. Eftes eftão já tão
améftrados, que fabem empalar hum
homem, fem lhe offender as partes
nobres; e quando querem, o fazem
pa-

padecer muito tempo. Acabada a execução, amárrão as pernas do padecente no páo, levantáo-no, e cravando-o no cháo em huma cova que primeiramente fazem, o deixáo arvorado para servir de exemplo aos passageiros. Tem-se visto destes miseraveis estarem alguns ainda vivos tres dias em táo desesperado padecimento, pedindo incessantemente agoa aos espectadores, ou rogando-lhes a caridade de os acabar de matar.

CAPITULO XLIII.

Dos Juizes do civel.

Tanto as causas, ou acçóes civeis, como as criminaes, se tratão no Divan, quando são de maior importancia: eis-aqui pois a ordem, que então se observa. Todos os Officiaes de justiça concorrem para o lugar do Divan o mais cedo que podem, a fim de tratarem de seus negocios, de suas obrigações, e de fallarem com as partes, antes da chegada do Gráo-Vizir:

não

não se abre a porta daquelle Regio
Tribunal, sem que o *Doagi* tenha feito a sua oração. O Grão-Vizir he quem
ordinariamente chega mais tarde, e
vai sempre acompanhado de cem cavalleiros, e todos se prostrão por terra; quando elle chega. Os outros Vizires, e mais Togados o esperão á porta, e lhe fazem a decorosa honra de
não entrarem primeiro que elle. Depois de cada hum tomar o seu lugar
competente, o Secretario lê em voz
alta todos os requerimentos, os despachos, escriptos, e resoluções do
Grão-Vizir. Ainda que este muitas
vezes por politica peça o parecer dos
Ministros mais graduados assistentes,
todavia nunca o segue, senão quando
quer. A sala do Divan communica-se com outra casa, aonde estão muitos
Officiaes superiores dos Capigitas: estes são corretores, e como servos no
serviço do Divan.

O Grão-Senhor póde saber tudo
o que se effeitua naquelle Tribunal;
porque, por cima do assento do Grão-Vizir está huma janella coberta de hum
véo,

véo, ou tafetá preto, sonde o Imperador vai algumas vezes ouvir tudo o
que se diz, sem ninguem o ver: motivo este porque o Gráo-Vizir obra
sempre acautelado, e não se atreve
a fazer injustiças.

O Gráo-Senhor dá de jantar aos
que assistem ao Divan. O costume dos
Turcos he comer no cháo, mas quando estáo no Divan, para não dar o
incommodo de se levantar ao Gráo-
Vifir, traz-se huma banquinha, sobre
a qual se póe huma grande bacia de
prata, da largura de seis para sete
palmos, chata no fundo, que com os
pratos dentro serve de meza. Ha sinco bacias differentes no Divan; a primeira he para o Gráo-Vizir, e o Vizir immediato; a segunda para os
dous *Cadilesquieros*, ou Super-Inten-
dentes maiores da justiça; a terceira
para os mais Vizires assistentes; a quarta
para todos os Thesoureiros Móres; e
a quinta para os Secretarios de Estado. Os Janizaros, e todos os Officiaes,
que estáo fóra da sala do Divan, comem com os pratos no cháo á ma-
nei-

neira do Paiz. Ainda que o Grão-Senhor dê de jantar a tanta gente, elle o faz com pouco cuſto ; porque os manjares não tem nada de delicados, e não são mais, que arroz cozinhado de differentes modos, gallinhas, e carneiro, e tambem alguns pratos de peixe. He incivilidade entre elles pedir que beber antes do Grão-Vizir ter bebido, e nenhum dos aſſiſtentes o faz.

A boa ordem que ſe guarda no Divan, he admiravel. Todos os pertendentes apreſentão os ſeus requerimentos ao Grão-Vizir. Se o que ſe requer he de pouca conſequencia, manda ao ſeu Secretario, que ſempre fica a par delle, que lhe ponha o deſpacho, como pede : iſto feito o envia logo ao Official, que he encarregado de os mandar entregar ás partes. Mas ſe o que pertendem he de ponderação, e de materia de conſciencia, manda eſcrever em ſumma o que o requerimento contém, e o envia ao Mufti, o qual eſcrevendo em baixo o ſeu parecer, o torna a mandar ao Grão-Vizir. Se diz

reſrefpeito puramente ao eftado , manda fazer hum refumo mais circumftanciado , que o que manda em outro cafo ao Mufti , e remette-o ao Sultáo, para conhecer fua vontade. A efte refumo chamáo os Turcos *Falquis*. Quando o Gráo-Vizir quer apadrinhar a pertençáo, efcreve em cima do Falquis o feguinte : *Parece-me que Voffa Alta Mageftade póde , obrando com juftiça, conceder o que fe pede.* Mas quando náo eftá empenhado em favorecer ; efcreve fómente ifto : *Cumpra-fe o voffo mandamento* ; e fe algumas razóes o demovem a náo querer que fe faça , efcreve em papel feparado todos os motivos que lhe occorrem contrarios á pertençáo. O Gráo-Senhor lê todas as manhãs os *Falquis* , e por baixo declara por efcripto a fua vontade , e sáo outra vez remettidos ao Gráo-Vizir , que artificiofamente moftra que o Gráo-Senhor diz , occultando a fua peffima intervençáo para o defpacho contrario. Quanto aos que sáo concedidos, o Gráo-Vizir os envia ao Secretario para os

ex-

expedir , fazendo menção do confen-
timento do Gráo-Senhor para lhes dar
mais força , e todos são fellados com
o fello do Sultão , o qual he formado
de muitas letras Arabigas entrelaçadas. As Cartas-patentes do Principe ,
e todas as expedições do Divan são
felladas com efte fello.

CAPITULO XLIV.

*Dos cargos, e dos diverfos empregos
da Judicatura.*

O Primeiro cargo , ou emprego judicial , depois do Gráo-Vizir , e
do Mufti , he o dos *Cadilefquieros.* São
dous , o da Europa , e o da Afia. Tem
affento no Divan immediato ao Gráo-
Vizir. O Mufti deve ter exercitado
efte cargo com honra , e approvação ,
antes de chegar ao feu. A principal
função dos Cadilefquieros he de vigiar que nos eftados do Gráo-Senhor
fe faça juftiça. São elles quem dão
as commifsões aos Cadys, e aos Mu-
la-Cadys para irem adminiftrar a juf-
ti-

tiça em diverfas partes, tendo com
tudo primeiro conferido com o Sultáo. São denominados Juizes da milicia; porque os foldados tem o privilegio, á exclusáo de todos os mais
vaffallos do Imperio, de náo litiga-
rem fenáo perante os feus Officiaes,
e de náo ferem julgados fenáo pelos
Cadilefquieros.

Os *Cadys* sáo Miniftros, e Juizes
na Turquia, devem ter grande conhecimento das leis do Imperio. He neceffario que ao menos elles tenháo
feis *francos* de rendimento na cidade que fe lhes confia para a adminiftração da juftiça; mas quando a renda chega a vinte *francos* por dia,
tomáo o nome de *Mola-Cady.* Tem
fugeitos a fi os *Naips*, que váo adminiftrar juftiça nas villas, e lugares
inferiores da fua jurifdição. Muitas
vezes os Mola-Cadys paſsáo a Cadilefquieros; e em quanto eftáo no emprego, são pagos pelas Provincias aor-
de eftáo empregados. Quando fe retíráo para Conftantinopla, e o Sultáo
eftá fatisfeito da fua adminiftração,
con-

continua-lhes do feu Thefouro a mefma renda que tinhão. Appella-fe das
fentenças dos Mola-Cadys para os
Cadilefquieros, com tanto, que feja
no civíl, porque no criminal não ha
appellação, nem aggravo; e qualquer
Cady tem poder de condemnar hum
homem á morte como final fentença.
Efta juftiça tão prompta, e defpieda-
da, he caufa de haver poucos ladrões
na Turquia a refpeito dos que ha nos
outros Reinos; porque eftão bem certos de que huma, ou duas horas depois do latrocinio são infallivelmente
empalados. Raras vezes fe appella
deftes Juizes em cafos civeis; porque
quando elles querem fazer alguma in-
juftiça, formalizão o proceffo de maneira que a parte, contra quem fen-
tenceão, nunca tem razão; e ainda que
fe faça examinar o proceffo, como
o não renovão, fempré a fentença fahe confirmada. Além de que, o povo he tão pobre, que não póde fazer a defpeza da appellação.

Os Cadys, e Mola-Cadys recebem
as fuas commifsões dos Cadilefquieros,

ros , e estas commissões são triennaes :
acabado este tempo , voltão para Constantinopla a dar conta da sua administração. Quando estão de fóra algum
tempo , sem exercerem genero algum
de emprego, representão aos Cadilesquieros o tempo , que não forão empregados , e pedem huma commissão
mais rendosa que o antecedente de que
sahírão bem , segundo elles propõe ;
de sorte que , ou seja por merecimento , ou por dinheiro , alcanção nova
o rdem , e nomeação para irem admini-
strar justiça outros tres annos em alguma cidade mais consideravel. Como
nenhum ha que deixe de ser empregado á força de dinheiro , todos se
apostão a embolsarem-se delle por via
de roubos, extorsões , e monopolios,
que fazem nas Provincias. Por estes
infames meios não só na verdade se
embolsão , mas ajuntão, com que, ex-
piando o seu tempo , possão comprar
outra vez hum novo emprego ; e oxalá que isto acontecéra só na Turquia.
Por esta causa todas as suas Provincias estão arruinadas, e os particula-

tes

res opprimidos pela avareza, e cobiça dos que são nomeados para exercer a justiça.

Na Turquia não ha advogados, nem procuradores: cada hum defende a sua causa verbalmente. Os maiores processos não durão mais de dezesete dias, e o mais ordinario he terminarem-se logo. A julgação he sempre fundada no depoimento das testemunhas, e nenhum Christão póde depôr contra Turco. Senão ha testemunhas, a sentença firma-se no juramento do accusado; e para este effeito os Juizes tem sempre á vista de todos, e adiante de si o Velho, e Novo Testamento, o Alcorão, para cada hum jurar confórme a lei que professa, e a sua consciencia.

Os que são sentenciados por dividas, devem pagar alli mesmo, ou irem presos, se seus crédores se não querem fiar delles, nem estar pela fiança que elles dão; ainda que muito boa ella seja; porque as leis lho permittem assim. Quando o devedor vai preso, e que tendo levado muitas

pan-

pancadas por mandado do Juiz, tem
completado cento e hum dias de prisão, então o Sultão, e o Juiz o declara abfolvido; mas he permittido ao
crédor o podello defpir huma, ou
muitas vezes que o encontrar, até que
elle julgue que o veftuario, de que o
defpoja, cobre a fua divida; o que muitos praticão.

.Os Officiaes de juftiça são as
creaturas mais felizes na Turquia; porque não eftão fujeitos a ferem degollados como os outros Officiaes da milicia : o peor, que lhes póde fucceder,
he ferem privados dos feus cargos,
fem lhes offender feus bens, nem fuas
vidas : o Gráo-Senhor não póde fazello, porque a lei os livra deftas defgraças.

Os *Naipes* são tambem Officiaes
de juftiça, que adjuntos aos Cadys
aprendêrão a prática judicial, e são
denominados fábios na lei, e empregados em adminiftrar juftiça a alguns
póvos debaixo da infpecção dos Cadys: fobem a efte cargo quando tem
a protecção dos Cadilefquieros.

Os

Os *Muxideros* são especies de belegins, ou esbirros: cada Cady tem ordinariamente seis, que servem de ir avisar, ou chamar as partes, sem disto terem algum emolumento, nem sua alçada ser ao menos a de fazer citações em fórma juridica. Não escrevem, nem processão; mas reportão-se á sua palavra. Se a parte, que elle avisou, senão acha á hora destinada na Audiencia do Cady, he sentenciada á vontade da parte contraria.

CAPITULO XLV.

De algumas particularidades que pertencem á justiça.

NAs terras de Argel todos os filhos dos Turcos são excluidos, como incapazes da admissão a qualquer emprego que seja, por huma lei expressa, que não dá esta prerogativa senão aos que, nascendo Christãos, se fazem Turcos, ou que partirão das terras do Grão-Senhor para se fazerem membros da república. O Sultão confer-

ferva alli hum Bachá ; mas nenhuma
influencia tem no Governo: tem cuidado fómente dos Janizaros, e da tropa, que da parte do Imperador he
mandada para Argel.

Chama-fe *Quindi-Divan* a Audiencia, que o Gráo-Vizir dá todos
os dias da femana, excepto á terça
feira defde as tres até ás finco horas da tarde. Então ouve áté ao mais
aviltado de todos os Turcos, que fe
lhe aprefentáo; por quanto, a entrada de fua cafa he livre, e franca para qualquer vaffallo do Imperador.
Muitas vezes toma conhecimento de
coufas infignificantes, ouve atíentamen-
te os queixofos, e condemna a fincoenta, ou a cem paoladas o aggreffor, ou o que náo tem razáo, que o
abone, e alli mefmo á fua vifta as
leva o paciente na planta dos pés.

Os tributos que fe impôe na Turquia, tem muita relaçáo á juftiça. Eftes tributos são de diverfos modos,
e cujos nomes são: *Avarifo*, *Cara-
cbe*, *Caffaro*: os que tem a commifsão de arrecadarem huma parte def-

tes impoftos, chama-fe-lhes *Carafmae-faabegi*, e *Caffan.*

O *Avarifo* he hum direito, ou taxa que fe póe nos eftados do Gráo-Senhor, quando tem neceffidade de homens para o feu exercito, ou para a fua armada naval. Nefte cafo os Mola-Cadys, e os Cadys eftáo incumbidos de mandarem para Conftantinopla hum certo número de reclutas proporcionado aos diftrictos da fua jurifdição, e confórme lhes eftá determinado, ou tambem a fomma de vinte e finco cruzados por cabeça, fegundo praz ao Principe. Em outro tempo o Gráo-Senhor não coftumava pór efte tributo, fenão quando legitimamente lhe era neceffario; hoje porém não he affim, porque pede os homens, ou manda fazer a finta indifferentemente, quando quer, ou quando neceffita.

O *Carache* he o tributo, que os Chriftáos, e os Judeos pagáo, para viverem na fua lei, ou em liberdade de confciencia. As mulheres são exemptas delle; mas os homens são tribu-
ta-

tários defde a idade de dezefeis annos. Efte tributo não he o mefmo em
todos os lugares do Imperio, he
maior, ou menor fegundo a bondade
das terras em que elles refidem. Ordinariamente fe paga annualmente oito
toftões por cabeça, alguns são taxa-
dos em dezefeis, e outros não pagão
fenão hum cruzado, que he a menor
taxa que póde ter cada hum. O Sultão recolhe fómente defte tributo acima de dous milhões de cruzados.

O *Caffaro* he o que pagão os
Chriftãos, e os Judeos para fe lhes
dar licença de fubirem ao Monte Tha-
bor na Galiléa. Cada hum paga hum
cruzado em huma cafa de guarda, e
arrecadação, que eftá na falda do Monte. Diftribue-fe efte dinheiro pelos que
eftão encarregados de terem fempre
as eftradas cóm fegurança, e defemba-
raçadas, e que são refponfaveis de todo o infulto, e maldades que nellas
fe commettem.

Os Turcos chamão *Carafmaezabe-
gi* ao Official de regiftro do Tributo
Real. Efte tributo he o que fe paga
nas

nas differentes feiras, e mercados de
Conſtantinopla. Nós fallaremos delle
com mais extensão, quando fallarmos
da *Policia*.

O *Caſſan* he hum Official deſtina-
do para a arrecadação de todos os
bens, que accidentalmente pertencem a
ſua Alteza Imperial; porque o Gráo-
Senhor herda todos os bens da gente
de guerra, que morre ſem filhos, e recolhe a ſi a decima parte dos bens
de todos os ſeus vaſſallos, quando
morrem, ainda que tenhão filhos va-
róes: ſe lhes ficão femeas, herda os
dous terços, porque o Gráo-Senhor
tem lugar de filho. Em todas as cidades de ſeus eſtados ha hum Caſſan,
a quem ſe vai dar parte, quando alguem morre, para elle ir fazer o in-
ventario dos ſeus bens. Os herdeiros
não ſe ousão de ſe lhe oppôr, nem
ſe affoitão a ſonegar couſa alguma,
com medo de perderem todo o direito de ſucceſsão, ſe ſe vieſſe a ſaber.
Conta-ſe também entre os bens, ou
rendas cafuaes do Imperador os preſentes, que os Embaixadores dos Prin-
ci-

cipes Eftrangeiros lhe fazem , e os
que os feus Bachás lhe mandão, o que
monta a mais de quatro milhões da
noffa moeda. O Grão-Senhor he do
mefmo modo herdeiro univerfal de
todos aquelles , a quem elle manda
degollar. Ha tal Bachá, que feus bens
excedem dous, e outras vezes tres milhões.

CAPITULO XLVI.

Da Policia.

A Policia em Turquia confifte principalmente na ordem , que rei-
na nas praças públicas, feiras , e mercados, na confideração que ha para a
guarda , e fegurança das cidades, e
para a educação da moeidade.

CAPITULO XLVII.

Das praças., ou feiras.

HA duas fortes de feiras em Conftantinopla, o *Baiftão*, e o *Schibazar*. O Bauftão he o lugar em Conftantinopla, aonde os ourives de ouro, e de prata, os contratadores, e corretores de joias, e pedras preciofas, os mercadores dos tecidos de ouro, e de outras mercadorias de maior eftimação expóe á venda os feus effeitos. Efte lugar confifte em duas grandes ruas dentro, em huma vafta praça cercada de muros em que ha quatro entradas com duas ordens de portas, cujo efpaço intermedio he coberto de abobeda. As ruas fão tambem cubertas de abobedas fuftentadas por vinte e quatro columnas: de ambas as partes de cada rua eftão em feguimento as lojas, á maneira de armarios, encravadas nos muros, e entre as columnas, não tendo de comprimento mais de feis palmos, e nove de largura cada

lo-

loja: á entrada della fe coftuma pôr huma banca, ou fazer huma efpecie de balcáo em que os negociantes expôe á venda fuas mercadorias.

Quafi chegado a efta efpecie de mercado ha outro lugar de feira aonde fe vendem as efcravas. Os homens eftáo em lugar feparado, e oppofto ao das mulheres. Eftas eftáo todas cobertas, e náo fe póde divifar dellas mais que a eftatura: fabe-fe a fua idade pelo que dizem as outras que as vendem, entra-fe em preço com condição do comprador a regeitar fe ella náo lhe contentar: para efte effeito ha hum lugar mais retirado aonde lha váo moftrar com o rofto defcoberto: o comprador póde mandar examinar a efcrava que compra a titulo de donzella, ou de virgem: tal he o torpe, e indecente commercio que ainda hoje no centro da Europa, e em meio das nações mais civilifadas, contra toda a modeftia fe pratica. Antes de as expôr á venda, as mettem no banho para as fazer mais agradaveis, e para parecerem mais bonitas; mas fucce-

cede muitas vezes neste particular o
que acontece aos cavallos das feiras ,
que nem sempre se comprão os de
melhor figura : tambem raras vezes se
encontrão naquellas feiras mulheres
bonitas ; as melhores , quanto á boni-
teza , e formosura são as Judias , que
as vendem. A maior parte das escravas que se vendem em Constantinopla ,
são Polacas , Moscovitas , Georgianas ,
e Circaffianas : são muito claras , mas
sem graça nenhuma , nem attractivo
em seu semblante. Os mercadores enfei-
rão mais nas raparigas da Tartaria : o
preço ordinario porque , cada huma he
vendida , chega a quarenta mil réis ,
quando não sabe cantar , nem trabalhar
em tapeçaria ; augmenta porém á proporção da gentileza , formosura , e
perfeições do corpo de que he dota-
da. Os Turcos podem tornallas a vender , quando já se não querem servir
dellas , o que não obstante os grandes do Imperio tem muita attenção
aos filhos , que tiverão de suas escravas , e por esta causa lhes dão a
ellas alforria , passados alguns annos
de

de escravidão, ou quando elles morrem.

O *Schibazar* he o mercado provisional das cousas necessarias á vida do homem. Em todos os dias ha mercado em Constantinopla : na quinta feira ha tres em diversas paragens, e os principaes são em terça, quinta, e sexta. No circuito destas praças estão ordinariamente mais de duas mil adellas. As lojas dos negociantes de Constantinopla excede o número de quarenta e oito mil, e estão divididas, segundo a diversidade das artes, e mercadorias em differentes lugares, e arruamentos para commodidade do público : os ourives, os contratadores de joias, e pedras preciosas, e os mercadores de tapeçarias de ouro estão, como já dissemos, no *Baistão*.

A Praça chamada *Seracifana*, he hum grande terreno da cidade, cercado de paredes altas com insignes portas, aonde ha perto de quatro mil artifices, que trabalhão em fazer jaezes para os cavallos, não só da tropa, mas tambem de apparato, e ostenten-

tentação dos particulares. Não ha cousa mais linda., nem mais natural, e
mais bem acabada, que as suas obras
neste genero. Dalli sahem freios de
ouro maciço, pegados a redeas de
couro encarnado da Russia; estribos
tambem de ouro cravejados de Tur-
quezas finas; sellas riquissimas cheias
de pérolas, e de outras pedras preciosas, e mais enfeites, e ornamentos
para os cavallos do Sultão, do Grão-
Vizir, e dos principaes cortezãos, e
nobreza do Imperio.

Os açougues estão fóra da cidade
de Constantinopla. Ha huma especie
de Almotacel, cuja obrigação he de
vigiar, que se corte carne fresca, e
sem cuja licença ninguem póde matar
boi, nem carneiro algum, a não ser
para celebrar sacrificio. Os Judeos comprão a elle a licença para se bastece-
rem das carnes que lhes são proprias.
Se este Official por avareza, e amor
do ganho fizesse levantar o preço ás
carnes, era infallivelmente morto, e,
em vida mesmo, feito em quartos
que se porião sobre os açougues para
exem-

exemplo. A' famofa feira., que nos mezes de Setembro , e Outubro fe faz
em Conftantinopla , concorrem de Hungria mais de cem mil bois , e quarenta mil carneiros : não obftante efta abaftança de gados , nenhum marchante ,
ou contratador de carnes tem licença
para comprar , e fó he concedida ao
povo.

O Gráo-Senhor póe taxas , e tributos confideraveis em todas as feiras , e mercados, e em todas as cor-
porações dos negociantes, artifices, e
obreiros de Conftantinopla. Só o que
fe cobra dos adélos excede a vinte
mil cruzados da noffa moeda. Os contratadores de joias , e os mercadores
dos tecidos de ouro pagáo a quatrocentos mil réis cada hum : os ourives
a oitenta mil réis, os outros mercadores á proporção. A venda dos efcravos faz de rendimento annual ao Gráo-
Senhor perto de trinta mil cruzados.
As tabernas, cujo número he mais de
mil e quinhentas, e que públicamente vendem vinho aos Judeos , e aos
Chriftãos , e occultamente aos Turcos ,

cos , rendem todos os annos para o Sultão huma fomma indizivel ; e fe acreditármos o que achámos efcripto, chega quafi a quarenta milhões de cruzados, para o que he neceffario que cada taberna pague hum conto de réis de tributo annual. O defpacho do peixe pefcado nas praias do mar da parte de *Pera* rende fete , ou oito mil cruzados: o direito do trigo, farinha , e legumes monta a vinte mil cruzados. O mercado, em que fe vendem as mercadorias, que vem do Cairo , rende dezefeis mil cruzados. O direito das efpecies, que fe embarcão, chega a cento e quarenta mil cruzados , e o dos açougues paffa de noventa. As vendas, e arrematações das cafas, dos navios, dos barcos, e de todas as mercadorias de mar pagão dous por cento. Cada Turco, que embarca , dá oito réis para o Gráo-Senhor; os Chriftãos, e os Judeos dão dobrado. O tributo, que pagão os Judeos de *Sequim* por cada varão, excede a cento e oitenta mil cruzados todos os annos. Além difto dão annualmente te de mimo finco mil cruzados para a confirmação dos feus privilegios, e duzentas moedas pela licença de enterrarem os feus mortos. Nas vifinhanças de Conftantinopla, até a huma legoa de diftancia, pagão todos os Chriftãos os mefmos tributos; e para confervarem as fuas Igrejas, e hum Patriarca, dão mais oitenta mil cruzados. A taxa impofta ás mulheres, que casão, e para o que ha livro de regiftro, monta a milhões; porque cada Turca paga finco toftões da noffa moeda, os Judeos oito, e os Chriftãos doze. Todos eftes tributos fazem hum rendimento annual para o Imperador de mais de duzentos milhões, afóra o que lhe vem das Provincias, e dos feus feudatarios.

CAPITULO XLVIII.

Das Alfandegas.

Quando as mercadorias chegão a hum porto, ou cidade, hum adminiftrador, ou avaliador da Alfandega as vai taxar fegundo as liftas

tas dos direitos que pagáo, e faz memoria do nome de quem as recebe, para delle se cobrar o que ellas devem á Alfandega. O mesmo se pratíca a respeito de todos os generos que se exportáo por mar, sem todavia haver obrigaçáo de os levar á Alfandega para ahi serem revistos, a fim de pagarem os direitos; porque se fiáo na verdade, e credito dos negociantes, e reciprocamente reina a boa fé, zelo, e diligencia. Isto porém náo impede que a Alfandega tenha guardas em todos os caes, para estorvar o furto dos direitos, e os contrabandos, que os commerciantes podem fazer; mas succede ácerca disto o mesmo, que nos mais estados, assim por negligencia, como por suborno dos guardas. Verdade he que, quando se descobre alguma destas cousas, o castigo he rigorosissimo: os guardas sáo zurzidos a uso Mahometano, e os commerciantes pagáo o dobro dos direitos que deveriáo pagar pelo foral. Os generos, ou mercadorias náo sáo confiscados, e ficáo sempre a seu dono. Em outro tempo

po

po ſe quizerão os Turcos ſervir deſte meio de confiſcação para eſtorvar os contrabandos ; mas os Miniſtros do Grão-Senhor, depois de prolixas conſiderações ajuizárão que era melhor deſiſtir de ſemelhante pertenção, parecendo-lhes que aſſim ficaria o commercio mais livre.

CAPITULO XLIX.

Da guarda para ſegurança da Cidade.

CAda Meſquita elege tres, ou quatro homens para andarem de ronda de noite no ſeu diſtricto ; porque cumpre ſaber : as cidades da Turquia eſtão divididas em Meſquitas, bem como as noſſas em freguezias. Os guardas andão pelas ruas, e ſão reſponſaveis por todos os roubos, e deſordens, que acontecem nellas. Podem prender os que encontrão ſem luzerna, depois de acabada a ultima oração ; e todos os que, não obſtante trazerem luz, trazem armas offenſivas, ou defen-

S fi-

fivas. Nenhum militar rafo póde andar armado de qualquer modo que feja, e em qualquer tempo, noite, ou dia. Se alguem he morto por outro, feja de noite, ou de dia, e o matador não he logo prefo, todas as familias em contorno do lugar, aonde fe fez o affaffinio até á diftancia, em que fe podia ouvir a voz do morto, eftão obrigadas a pagar o preço do feu fangue ao Imperador, que he avaliado em duzentos mil réis. Efte Principe promulgou efta lei, para affim obrigar os póvos a temerem os crimes, e a prenderem os malfeitores. O mefmo fe pratíca no campo, aonde as cidades mais proximas pagão os duzentos mil reis ao Gráo-Senhor.

CAPITULO L.

Dos Collegios.

EM Conftantinopla ha cento e vinte collegios, para inftrucção dá mocidade. Os collegiaes tem cada hum feu quarto, duas camas, huma banca co-

coberta de hum tapete fino , quatro
páes cada dia , huma potagem , huma vela , e dous veftidos cada anno.
No fegundo anno dá-fe-lhes de mais
hum afpre por dia , e nos feguintes
augmenta-fe-lhes efte premio á proporção dos annos de collegiaes , e do
feu adiantamento. Como os Turcos não
tem imprenfas , os collegiaes trabalhão
por dinheiro em copiar livros , e afóra difto tem feus partidos nas cafas
de pelfoas qualificadas para lhes enfinar feus filhos , e de tudo ifto lucrão
muito. São muito privilegiados, o que
affás concorre para ferem muito mal
procedidos. Não podem ser prefos ,
qualquer que feja o crime que com-
mettão , fem que o feu Geral efteja
prefente; porque fó elle o póde fazer.
Tambem na Caramania , Natolia , Grecia , Syria , Arabia , e Grão-Cairo ha
grande número de collegios. Em tempo de Amurat III. o número de collegiaes paffava de dez mil. Os Meftres , e Profeffores são pagos , e fuf-
tentados pelas rendas dos collegios aonde enfinão a mocidade.

CA-

CAPITULO LI.

Dos cargos, e principaes dignidades do Imperio Ottomano do Grão-Senhor.

O Poder deste Imperador he absoluto, e sem limites : a opinião que os Turcos tem de sua grande jurisdição, e authoridade, he huma especie de idolatria, que faz que elles o venerem como hum Deos. Os seus Cadys ensinão que elle he superior a todas as leis ; isto he, que elle as explica, as corrige, e as deroga, quando muito lhe praz ; que o que elle pronuncia he mesmo lei, e que he infallivel, quando as explica. Ainda que por condescender com o povo, consulte o Mufti, he necessario que este se conforme sempre com elle, porque de outro modo, está certo da sua deposição.

O poder absoluto no Soberano suppõe inteira, e perfeita obediencia nos vassallos : eis-aqui porque se empregão

gão todos os artificios, e manhas para inspirar este principio aos que são educados no Serralho, e que são destinados para os importantes cargos do Imperio. Faz-se-lhes crer á força de persuasão que não ha martyrio mais glorioso que o de morrer pela mão, ou por mandado do Grão-Senhor, e que aquelle, que tem esta felicidade, vai logo direito ao Ceo.

He costume quando se quer acclamar o Imperador, conduzillo com sobeja pompa, e magnificencia a hum lugar, que está nos arrabaldes de Constantinopla. Depois de ter chegado a elle, então se fazem preces, e roga a Deos que queira dignar-se de encher de luz, sabedoria, e prudencia aquelle, que ha de occupar o throno, e exercer emprego tão glorioso, e de tanta consideração, e importancia. Acabadas as preces, o Mufti o abraça, e lhe deita a sua benção, e o Grão-Senhor promette, e jura solemnemente de defender a fé dos Musulmanos, e as leis do Profeta Mahomet. Depois disto os Vizires, e os Bachás fazem-lhe huma ma profunda reverencia, beijão a terra, e a cauda de suas vestes reaes, e o reconhecem por seu legitimo, e verdadeiro Imperador. Acabada esta ceremonia, o tornão a conduzir com o mesmo magestoso apparato ao Serralho, que he a assistencia ordinaria dos Principes Ottomanos.

CAPITULO LII.

Dos Kulsos.

ENtre os Turcos se chamão Kulsos, que vem á ser, escravos do Principe, todos aquelles que recebem ordenado, ou soldo, despachos, ou gratificações, e que tem algum cargo dependente da Coroa. O Grão-Vizir, e todos os Bachás são deste número, e esta qualidade he mais honrosa, e mais estimada que a dos outros vassallos. Todos os que são revestidos della, podem impunemente escandalizar, e maltratar o povo; porque nenhum particular póde reprimillos com violencia, ou offendellos em sua de-

fen-

fença, fem, por lei, ficarem expoftos a rigorofiffimos caftigos. A palavra *ef-cravo* fignifica entre elles huma peffoa inteiramente dedicada á vontade, e ás ordens do Gráo-Senhor; a fazer cégamente tudo o que elle manda, e, fe poffivel fóra, tudo o que elle tem no penfamento, fem reftricção, nem repugnancia, ainda quando fóra defpenhar-fe, não fó hum homem, mas hum formidavel exercito, do cume das montanhas, por fua ordem, e unicamente para feu divertimento.

CAPITULO LIII.

Do Serralho.

ESte vocabulo traz fua origem de *Serrai*, que fignifica *Palacio* em linguagem Perfiana. Efta mefma denominação tem todas as cafas do Gráo-Senhor, e as dos feus principaes Officiaes. O Sultão tem grande número de Serralhos affim nas vifinhanças de Conftantinopla, como nas Provincias diftantes: os tres principaes são na

Bi-

Bithynia, em Andrinopoli, e em Conftantinopla, por ferem as tres partes do Imperio Ottomano, aonde os Imperadores eftabelecêrão Corte, e de primeiro tiverão fua affiftencia.

O Serralho do Grão-Senhor he como huma república feparada de toda a cidade: tem fuas leis, e modos de viver totalmente particulares. Facilmente fe conferva alli a boa ordem, porque os que lá vivem, não tem mais noções, nem conhecimentos, que os que dentro aprendêrão: ignorão abfolutamente o que he liberdade. Os cidadãos não tem communicação, nem genero algum de correfpondencia com elles; o que faz que fuas inclinações, habitos, e coftumes não tem alteração, ou mudança, e que tudo o que fe paffa no Serralho não fe fabe, nem fe conjectura fundamentalmente na cidade.

A vida ordinaria do Sultão naquella morada deliciofa, e folitaria, he, levantar-fe ao romper da Aurora, para fazer fua oração antes de fahir o Sol, ao que he obrigado por lei como

mo

mo todos os mais Turcos. Algumas
vezes entra no banho, para se lavar,
e purificar, mórmente quando paſſa as
noites com algumas de ſuas mulheres.
O banho precede á oração , a qual
dura pouco mais, ou menos de hum
quarto de hora, depois almoça, e vai
fazer algum exercicio; e ſe he dia
de conſelho, vai por huma galeria coberta para a janella, que correſponde
á ſala do Divan , para ſaber o que
ahi ſe trata , e não ſe retira ſenão a
horas de jantar. Eis-aqui pois a ordem
que ſe obſerva neſte acto : ſobre huma meza , que apenas tem palmo e
meio de altura, ſe eſtende huma cobertura de marroquim encarnado , certos Ichoglanos trazem o páo, os ſor-
vetes, e guardanapos para o Sultão,
e depois de haverem provado os manjares, o Mórdomo-Mór , acompanhado dos ſeus Officiaes , os conduz da
cozinha até á porta da ſala de jantar; os Ichoglanos os recebem então,
e os vão pôr ſobre a meza do Grão-
Senhor: os pratos, em que elles vem,
ou são de ouro, ou de porcelana com
tam-

tampas de ouro. O Sultão come affentado no chão com as pernas cruzadas ; e os que o fervem eftão affentados fobre os calcanhares, e comem os fobejos do Imperador, pondo os pratos no chão. Efte Principe
não tem meza delicada, feu alimento ordinario he arroz, carneiro, pom-
bos, e gallinhas guizadas á maneira
do paiz. Em quanto o Sultão eftá á
meza fe lhes eftão lendo as Hiftorias
de feus predeceffores, ou a de Alexandre Magno, que eftá efcripta em
linguagem Turca : algumas vezes o
divertem os Nains, e os bobos com
contos facecios, e de galanteria. Ao
levantar da meza em domingos, e terças feiras, vai logo em direitura á
fala da Audiencia, para faber de feus
Miniftros o eftado dos feus negocios,
e depois faz a oração do meio dia.
Nos outros dias da femana entretem-
fe com os feus Nains, com os Eunuchos, ou com fuas mulheres, que fazem quanto podem para o recrearem,
e divertirem: outras vezes vai paffear
pelos jardins, ou para melhor dizer;

hor-

hortejos , aonde paſſa o tempo converſando com o Meſtre Jardineiro , e com os mais Officiaes ſubalternos. Mas por maior que ſeja a occupação , núnea falta a fazer as ſuas ſinco orações que a Religião lhe preſcreve.

Em todas as ſextas feiras o Gráo-Senhor monta a cavallo pelas dez horas do dia para ir á Meſquita. Os homens que vivem opprimidos , e vexados por não lhes fazer juſtiça o Gráo-Vizir , vão eſperallo ao caminho com ſeus requerimentos na mão , que o Imperador manda receber por hum dos ſeus Eunuchos. Alguns que recebérão grandes injuſtiças , eſtão com huma vela acceſa , ou luz poſta ſobre a cabeça , para darem a entender ao Sultão deſte modo , que ſe elle lhes não fizer juſtiça , ſua alma arderá no outro mundo , á maneira daquella vela , nos fógos do inferno. O Imperador vai ordinariamente acompanhado com ſete , ou oitocentos cavalleiros, e quatro mil Janizaros. Quando entra na Meſquita fica em huma tribuna ſeparado do povo. A maior parte das
ve-

vezes, acabada a oração, parte para
a caça, atraveſſando toda a cidade, e
então ſe vê na ſua paſſagem hum dos
mais lindos, e pompoſos eſpeſtaculos
de Conſtantinopla. Os Janizaros marchão adiante a pé, levando unicamente a ſua cana da India na mão: ſão
dirigidos por quatro dos ſeus chefes que
vão a cavallo em frente delles, e o
ſeu Aga vai cubrindo a retaguarda.
Após elles vão os Capigitas a pé,
ſeguidos de trezentos Chiaús a cavallo, veſtidos de tecidos de ouro, e de
prata, e ſeus cavallos ajaezados rica,
e fauſtuoſamente. Depois dos Chiaús
ſeguem-ſe duzentos Officiaes ainda de
maior luxo, e oſtentação que elles:
chamão a eſtes Officiaes *Mutafera-*
caſos, e ſão como gentil-homens da
camara, que levão após ſi doze, ou
quinze cavallos, cada hum dos quaes
vai guiado por dous homens. Não ſe
poderá ver couſa mais magnifica, por
cauſa da riqueza de ſeus arnezes,
que todos ſão cravados de pedrarias
finiſſimas. Seguem-ſe depois os *Sula-*
ques, que ſão perto de quatrocentos,

e

é em meio delles vai o Gráo-Senhor levando . a par de fi , e a pé o feu Eftribeiro-Mór , que vai fempre com a máo pofta fobre a fella do feu cavallo. Em todo efte mageftofo acto o Sultáo conferva tal gravidade , que nem a cabeça move ; mas o refpeito do povo ainda fobrepoja a foberania do Imperador , porque ninguem ha , que fe oufe de levantar a cabeça , nem de olhar para elle , o que náo obftante de todas as partes concorre multidáo de gente para o ver paffar. Os Sulaques , que o cercáo , váo fazendo rogativas pela felicidade do feu reinado , ao que o povo refponde com voz fubmiffa *Amen*.

O cavallo , fobre que vai o Gráo-Senhor , quafi náo tem acçáo , bem contra o ordinario dos cavallos Turcos , que o feu natural he ferem fogofos , e briofos : verdade he que em todas as tres noites precedentes ao dia , em que elle ha de fervir , fazem que elle náo durma. O veftido do Imperador náo tem differença dos mais , que leváo os grandes da fua Corte , á ex-

ce-

cepção de duas maſſas de Heron, que
o Sultão leva no feu turbante. Depois
do Gráo Senhor feguem-fe os Vizires,
e outros muitos Officiaes do Serralho.
Quando o Imperador fe acha já fóra das
portas de Conftantinopla, defpede toda a comitiva, e manda ficar fómente os que fervem de o divertir. Se
não tem mulheres comfigo manda ficar os Vizires, e com elles fe entre-
tem fobre particulares feus, ou negocios de eftado ; quando porém com
elle fe achão mulheres, tambem os Vizires fe retirão ; e para que ninguem
o encontre na eftrada, vão montados,
correndo á redea folta, vinte e finco,
ou trinta mudos com o arco, na mão
para avifar, e fazer retirar toda a
gente. As carruagens em que as mulheres são conduzidas, são todas tapa-
das, não obftante irem ellas com a
cara cuberta ; e para virem do Serralho para as carruagens, fó a fim de o
cocheiro as não ver arma-fe com pan-
nos de lona, ou de outra têa, hum
corredor cuberto defde a porta do
Serralho até á portinhola da carrua-
gem :

gem : os Eunuchos vão a cavallo de
guarda a ellas , e nunca as defam-
párão.

A ordinaria caçada do Gráo-Senhor he á alta volateria , e ás lebres,
e para ifto mais de trezentos Falcoei-
ros levão Falcóes. O Imperador nunca fahe da eftrada para caçar , e alli
efpera a caça, para o que manda fol-
tar muitos Falcóes. Como as carruagens das mulheres são feitas de modó,
que os tectos são levadiços , elle lhas
manda abrir por cima para ellas par-
ticiparem daquelle recreio, fem todavia ferem viftas. Algumas vezes o Sultão faz no Serralho fuas caçadas , que
não deixão de fer divertidas : manda
bufcar muitos pórcos montezes vivos ,
e os manda pôr juntos dentro de hum
grande cercado, que por fua ordem
fe faz , e cujas paredes são portateis,
como de lona , ou de outra materia
femelhante : dá a cada porco o nome
de algum dos Principes feus inimigos,
e depois os mata a tiro de flexa. Os
affiftentes alegrão-fe muito com ifto ,
e cantão troféos , porque fendo os

Tur-

Turcos muito superfticiofos , ajuizáo que a morte de qualquer daquelles animaes , he hum prefagio de que o Gráo-Senhor ha de arruinar os Principes feus inimigos , cujos nomes tinháo os pórcos , que elle matou.

O Sultáo fahe raras vezes a cavallo ; porque lhe he precifo atravefar toda a cidade para ir ao campo, e teria grande conftrangimento em apparecer amiudadas vezes ao feu povo; mas tem muitas portas no Serralho, que váo ter ao mar , por onde com todo o genero de liberdade póde fahir fem fer vifto , e com effeito fahe de diu, ou de noite, e vai a paffeio com fuas mulheres até outros muitos Serralhos que tem ao longo do mar. Para efte fim conferva muitas galiotas, e tem duas refervadas fó para a fua peffoa, muito douradas, e adornadas ás mil maravilhas : os patróes, e mais ferventes affiftem junto ás muralhas do Serralho, e tem obrigação de virem pontualmente quando ha neceffidade delles.

CA-

CAPITULO LIV.

Diſcripção do Serralho de Conſtan-
tinopla.

O Serralho do Gráo-Senhor he o
primeiro objecto, que ſe apreſenta aos que váo por mar a Conſtantinopla: eſtá edificado ſobre huma collina que fórma o angulo, e o ponto
de junçáo dos dous mares: os edificios occupáo a altura da collina, cuja ribanceira, que ſe vai terminar á
borda do mar, eſtá dividida em hor-
tas abundantes de arvores de todas as
eſpecies, e mórmente de cypreſtes:
o circuito do Serralho he de huma
legoa, ſegundo a opiniáo vulgar: a
ſua área he de figura triangular, e
eſtá cercada de altas, e fortes muralhas que ſe continuáo com as da cidade: tem muitas torres para ambas
as partes dos mares, banhadas pelas
ſuas agoas, e em que eltáo poſtadas
muitas ſentinellas armadas com eſpin-
gardas para diſpararem ſobre as em-

T   bar-

barcações., que se affoitáo a aproxi-
mar-se áquelle lugar : ha hum caes
guarnecido de pedras de canteria, que
cerca todo o Serralho pela parte do
mar , mas por onde ninguem passa :
nelle se vêm muitas peças de artilheria montadas, que batem á flor d'a-
goa : o maior uso, que se faz dellas,
he para annunciar a morte dos que
são executados no Serralho. A' medida que se lançáo os córpos ao mar
se vai disparando a artilheria , corre-
spondendo a cada cadaver hum tiro,
para deste modo advertir o povo de
que se fez justiça, e a fim de o reprimir, e de o conter em seus deveres
pelo temor de que o mesmo lhe suc-
ceda. Sobre o caes, que fica da parte
de *Galata* (*), está huma sala, cujo
pavimento descança em cima de altas
columnas de marmore, aonde o Gráo-
Senhor vai tomar ar , e donde se embarca na sua galeota, quando se quer
ir divertir pelo canal. A extremidade
do

_____

(*) He hum dos arrabaldes de Constantinopla.

do caes para a parte das torres tem tambem outra casa assaz grande, assentada sobre arcadas de pedra lavrada: ambas estas casas tem todo o seu contorno guarnecido de rótulas. O Imperador ahi se vai divertir com as Sultanas: neste mesmo sitio ha huma fonte, ou chafariz, aonde os Gregos vão em dia da Transfiguração: he hum genero de devoção, que elles tem, e que tem muita parecença com o carnaval, o que serve de divertir muito o Sultão, e toda a sua Corte. O Serralho tem muitas portas para a banda do mar, mas nunca se abrem senão para o Grão-Senhor, ou para algum dos seus Officiaes maiores: para a parte da cidade não tem mais de huma, que fica ao pé de Santa Sofia. Esta porta he guardada por sincoenta Capigitas, ou porteiros, que não tem mais armas que humas varinhas delgadas na mão; he larga, e acompanhada de huma abobada tambem larga, e alta, que mais parece ser hum corpo de guarda, que entrada do Palacio de tão grande Principe como o

Im-

Imperador dos Turcos. Ella he que dá o nome a toda a sua Corte, que para se dar a conhecer hum só vocabulo se lhe chama *Porta*. Entra-se por ella para hum grande pateo mais comprido que largo : o lado direito está occupado por hum grande edificio, que serve de enfermaria a todos que assistem no Serralho. Os doentes são para alli trazidos em carrinhos puxados por dous homens. Da parte esquerda está o armazem do armamento ; he todo coberto de chumbo, e diz-se que elle fora a Sacristia do Templo de Santa Sofia, donde, a ser verdade, se póde julgar da grandeza, e magnificencia deste edificio.

Neste primeiro pateo se desmontão todos os que vão ao Serralho, e aonde os seus cavallos se hão de conservar em profundo silencio, e parece que os mesmos cavallos conhecem, e respeitão o lugar aonde estão ; tal he o cuidado de cada servo que lhes pega, e do ensino que se lhes dá! Do primeiro pateo se passa ao segundo por huma porta espaçosa, e me-

nos

nos medonha que a primeira, e na qual eftáo de guarda outros fincoenta Capigitas. O fegundo pateo he quadrado, e tem duzentos paffos de comprimento. Reina em torno delle huma galeria em fórma de clauftro, affentada fobre columnas de marmore: aqui he o lugar dos Janizaros, e de todos os concorrentes ao Divan. He neceffario guardar filencio nefte pateo ainda mais que no primeiro, fob-pena dé caftigo prompto, e rigorofo. Nas coftas da galeria do lado direito eftá hum grande edificio, donde fahem nove zimborios cobertos de chumbo, que são das cozinhas, e officinas do Serralho. As cozinhas eftão feparadas do pateo por huma parede, que impede que dellas fe receba todo o genero de incómmodo: ellas são todas de abobada, e cada huma tem no meio hum zimborio pequeno, e feito de modo, que dá claridade, e deixa fahir o fumo. A primeira cozinha he a do Imperador; a fegunda a da primeira Sultana; a terceira a das outras Sultanas; a quarta a do Aga; a quinta a dos outros Miniſtros, que compõe o Divan; a ſexta para os Ichoglanos; a ſetima a dos Officiaes do Serralho; a oitava para todas as mulheres do Serralho: e a nona para todos os Officiaes ſubalternos, que pertencem ao Divan. As viandas que ſe prepáráo neſtas cozinhas, ſáo em grandiſſima quantidade; porque afóra de quatro mil bois que ſe matão todos os annos, e que ſe mandáo ſalgar, e ſeccar para provimento do Serralho, o comprador eſtá obrigado a apromptar diariamente duzentos carneiros, cem cordeiros, dez vitellas, mais de mil aves domeſticas, e todo o peixe neceſſario para os que o appetecerem. A' eſquerda do pateo eſtáo as cavalherices do Imperador. Os cavallos de ſerviço para a familia do Serralho eſtáo em cavalherices á borda do mar. Ninguem ha, á excepção do Sultáo, que ſe monte a cavallo, ou deſmonte no ſegundo pateo, cujo centro eſtá occupado por huma formoſa fonte rodeada de cypreſtes, e ſycomoros, cuja ſombra a faz mais delicioſa : eſte

he

he o fatal lugar em que tambem o
Gráo-Senhor manda cortar a cabeça
aos Bachás, e a outros Officiaes de
porte, que tiverão a desgraça de in-
correrem na sua indignação. No fim
deste segundo pateo á parte esquerda
está a sala do Divan, e a porta por
onde se entra para o Serralho, está á
direita: não ha, nem póde haver no
mundo porta mais ferrolhada, nem
mais bem guardada que esta. São os
Eunuchos brancos quem a guardão,
homens de difficil accesso, desconfiados, e sanhudos o mais que se póde
imaginar. Não deixão entrar cousa
alguma sem examinarem bem, e muito bem o que, e ainda este exame
realça em tudo o que sahe para fóra.
He preciso ser expressamente chamado para chegar a esta porta, ou entrar por ella, e muitas vezes os que
entrão não sahem senão por huma janella, por onde são lançados ao mar;
o mesmo Gráo-Vizir não entra sem
ir desmaiado, e convulso; porque ninguem tem segura a vida em hum Paiz,
aonde reinão a inveja, a ignorancia,

e

e a ambição; e aonde os vifos de culpas experimentão com frequencia os mefmos rigorofos caftigos, e penas que os crimes atrozes. Quanto á eftruccura, fymetria, e profpecto do Serralho, he coufa muito inferior; porque os repartimentos de que fe compóe, forão feitos por differentes Principes, que todos tiverão differentes defignios nas obras que mandárão fazer; de forte, que fe vê quantidade de edificios defiguaes, irregulares, fem ordem, e fem proporção; mas em recompenfa difto são tão cómmodos, e tão bem praticados; que por efta caufa fe lhes diminue muito os defeitos exteriores. Todos os edificios são muito baixos, por conta dos ventos, que são tão impetuofos nefta cidade, que feria muito arrifcado levantallos muito. Tem caías propriaas para cada eftação do anno, e são tão bem preparadas, e guarnecidas com tal riqueza, e belleza, que a todos caufa emulação efta magnificencia dos Turcos. O Serralho fecreto do Grão-Senhor eftá dividido em tres partes:

a

a repartição do Gráo-Senhor, a das mulheres, e os hortejos que são de grande extensão. Na primeira ha hum banho magnifico, assoalhado de marmore branco, e coberto de abobada tambem feita de marmore: em torno do banho ha muitas cozinhas lageadas, e de abobadas de marmore: cada huma tem duas torneiras, huma para agoa quente, e outra para ella fria, a fim de maior commodidade, e delicia dos que alli se lavão. Este banho serve para todos do Serralho; porque o Principe vai ordinariamente ao das mulheres, que ainda he mais rico, e mais agradavel. Tem tambem huma Mesquita pequena, aonde se vai fazer oração, e particularmente quatro Talismanos, Turcos naturaes, que vão effectivamente todas as manhãs ao abrir das portas do Serralho. O Gráo-Senhor tem da parte de dentro do Serralho todos os Officiaes, que lhe são necessarios, e tudo o mais, que póde fazer suas delicias honestas, e satisfazer suas torpes paixões. Elle se entrega todo aos seus praze-

res

res, fem ter mais cuidado, que o de
huma vida desleixada, languida, e
effeminada. Encarrega o Gráo-Vizir
dos negocios de maior ponderaçáo,
e náo toma conhecimento fenáo dos
mais neceffarios, ou dos que lhe podem dar gofto, e divertimento, paffando defte modo feus defgraçados
dias em contínua folidáo com feus
Ichoglanos, com fuas mulheres, com
os Eunuchos, com os mudos, e com
os Nains, que o reverençeáo como
hum Deos, e que tremem, e fe ef-
pavorizáo fó de olhar para a fua
fombra.

C A P I T U L O LV.

Das Sultanas.

ESte he o nome das mulheres do
Serralho, que tiveráo filhos do
Gráo-Senhor; porque, logo que qualquer dellas eftá prenhe, e que feu filho nafce, he reconhecida por Sultana. Dá-fe-lhe cafa feparada com Eunuchos, e Matronas, e fe lhe con-

fi-

figna certa renda vitalicia. A que primeiro pario varáo he a Sultana principal, cu Sultana-Rainha, a quem todas as outras rendem vaſſallagem, e á qual o Imperador confere algum dominio util, que ordinariamente he no R ino de Chypre, ou em alguma Provincia. Quanto ás outras mulheres que habitáo no Serralho do Sultáo, eſtáo clauſuradas, e ſó o Gráo-Senhor lá entra. Aſſiſtem todas juntas, e ſáo vigiadas pelos Eunuchos pretos, que náo deſcançáo dia, e noite deſte peſſimo exercicio, e que as caſtigáo ſeveramente pelas menores faltas. Debalde ſe cançáo a maior parte das vezes em pedir aos ſeus rígidos guardas, que as levem a paſſeio aos jardins; e ſe alguma vez o conſeguem, ſeus cruéis carcereiros náo as deſampáráo, e a certo ſinal que dáo, todos os jardineiros, ou hortelóes ſe cozem com as paredes, tendo levantado por diante de ſi hum toldo preſo nos páos que elles ſuſtentáo com as máos, a fim de haver ſeparaçáo entre elles, e as mulheres, e para que elles as
náo

não poſsão ver. O ciume, e vigilancia dos Eunuchos he de tal qualidade, que ſe elles percebeſſem que alguns dos jardineiros olhavão para as mulheres pelos póros do toldo, alli meſmo lhes cortavão a cabeça, e ſemelhante procedimento não deſmerece a approvação do Sultão. Por eſta meſma razão he que as ſentinellas das torres fazem retirar a tiros de moſqueteria as embarcações que ſe aviſinhão ás muralhas.

Afóra dos Eunuchos, de que acabámos de fallar, tem as mulheres do Serralho huma regente, á qual ſe dá o nome de *Kadan-Cahia*, e outras muitas ſobregentes, que recebem os mandamentos da primeira, e são denominadas *Cadunas*: são mulheres velhas, cujo emprego he de vigiar ſobre o comportamento das raparigas: dormem com ellas na meſma ſala para ver o que fazem, e ouvir o que fallão. A primeira couſa que ſe propõe ás mulheres, quando entrão para o Serralho, he o mudar de Religião, e de profeſſarem a lei de Mafoma.

A

A unica ceremonia, que para ifto fe pratíca, he fazer-lhes levantar o dedo para o ar, e pronunciar algumas palavras.

Comem em grandes falas, em que tambem fe ajuntão para trabalhar em diverfas obras; depois então fe retírão aos feus cubiculos em que fe conferva luz toda a noite. As cafas aonde ellas dormem, são á maneira de dormitorios dos noffos Religiofos. Huma Caduna vigia fobre dez mulheres.

A Kadan-Cahia tem obrigação de inquirir todas as mulheres que entrão no Serralho, de lhes enfinar tudo o que devem fazer, de lhes conhecer fua propensão, genio, e caraŵer para informar difto ao Sultão. Efte Principe tem ordinariamente duas, ou tres mais de fua feição, que affiftem em lugares feparados, mas efte brutal, e lafcivo Turco, cujo mageftofo, e refpeitavel titulo elle tanto desluftra com feu procedimento venereo, fem offenfa da peffima lei que infelizmente profeffa, não fatisfeito com as que tem feparadas, contínuamente eftá variando, do, do, e escolhendo novas concubinas: para isto manda aviso á Kadan-Cahia, que conduz todas as mulheres do Serralho a huma vasta galeria, por onde o Monarca ha de passar, e as póe todas em huma fileira, na qual se conservão sem nenhuma se atrever a fallar, nem a sahir do seu lugar; posto que lhes seja permittido o usarem de todos os adornos, e attractivos para se fazerem appeteciveis. O Gráo-Senhor passeando na frente dellas examina qual mais lhe agrada, e lhe atira com hum lenço para sinal da sua eleição, e affecto, e então se retira. A Kadan-Cahia congratula a nova concubina, e depois a leva á camara do Principe: algumas circumstancias, que precedem á entrada da camara, ó que se pratíca no dia seguinte, quando ella sahe, a disposição, em que se achava o Gráo-Senhor, e modos, porque ella he recebida, não permitte a modestia, e caridade christã, que aqui o declaremos por não despertarmos a nossa sensualidade, nem estimularmos a dos nossos leitores. Direi

sim

fim que o Imperador lhe dá pela manhã todos os veſtidos com que ſe recolheo, levando todas as joias, e dinheiro que tem nelles, e que nunca mais ſe ajunta com ella áté áquelle tempo em que ſe póde vir no conhecimento de eſtar, ou náo prenhe.

As mulheres que por falta de formoſura, ou de graça, e deſgarré náo são bem viſtas do Principe, náo são táo bem hoſpedadas, nem recebem mais que a paga ordinaria, que he de quatro até ſete vintens por diá. São todas empregadas em obras de coſtura, em bordarem, ou em outras couſas ſemelhantes: o ſeu alimento uſual he arroz cozinhado de differentes maneiras com carneiro, é galinhas, e a ſua bebida em lugar de licor he agoa com aſſucar. O ſeu veſtuario he á cuſta do Principe, e quando já váo cahindo na idade, ficáo feitas Cadunas. As mulheres nunca ſahem do Serralho, ſenáo quando o Gráo-Senhor as leva a paſſear comſigo; mas, á excepção da liberdade, e abſtracção feita do torpiſſimo fim, porque são clau-

ſu-

furadas, pouco lhes fica que appete-
cer das coufas do mundo; tal he o
paffatempo, abundancia, e riqueza
em que vivem, gozando da formofu-
ra dos jardins, da belleza das cafas,
e preciofidades dos moveis que as
adornão.

Além das mulheres, que effectivamente affiftem no Serralho, todos os
grandes do Imperio, que tem efcravas
bonitas, fazem prefente dellas ao Sultáo; porque acontecendo que o Imperador fe affeiçoe de alguma, não
he facil efquecerem-fe ellas de quem
foi caufa da fua fuppofta fortuna, e
lhes confeguem os maiores cargos do
Imperio: por efte indigno meio eftá
o Serralho fempre cheio de mulheres bonitas, e os empregos do Imperio em homens indignos.

Quando o Grão-Senhor vai ao Serralho das mulheres, todos os que o
acompanhão ficão efperando na primeira porta, cuja guarda eftá encarregada aos Eunuchos negros, e vedada
a entrada até aos mefmos Eunuchos
brancos. Se alguma vez fuccede adoe-
cer

cer qualquer Sultana, he precifo licença do Principe para lá entrar o
medico, o qual he fempre acompanhado de quatro Eunuchos negros,
fem contar os que vão primeiro fazer retirar as mulheres para que o medico não veja alguma. A que eftá doente de tal forte fe cobre, e efconde
na cama, que fó o braço direito, coberto de hum crepe, ou fumo negro,
fica de fóra, para fe lhe tomar o
pulfo; mas o medico o ha de fazer
tendo a cara voltada para a parte op-
pofta, e ha de curalla fem nunca lhe
perguntar coufa alguma. Só as Sultanas, e as mulheres, a quem o Imperador fe affeiçôa particularmente, podem ficar no Serralho em cafo de
enfermidade : as outras são levadas
para o antigo Serralho, aonde fe confervão até eftarem de todo boas.

Ainda que as mulheres, que vivem no Serralho, fejão de idade, caracter, genio, e fentimentos differentes, nem por iffo deixão de viver em
grande união apparente; e fe entre
ellas reina algum ciume, ou inveja,
V he

he espantosa a sua dissimulação, e não deixão entrever nem os menores indícios de semelhantes paixões, por não se exporem ao castigo de serem mudadas para o Serralho velho. Todo o seu cuidado, e desvelo está em ver o modo, porque se hão de fazer amar do Imperador: não se descuidão de se ataviarem de exquisitos modos com magníficos vestidos, ricas joias, primorosos adornos, e agradaveis enfeites.

O que em Constantinopla se chama *velho, ou antigo Serralho*, he o o palacio, aonde em outro tempo assistião as Sultanas, antes de se edificar o Serralho em que habitão as actuaes: serve agora de habitação ás Sultanas dos Imperadores defuntos, e á todas, que cahem no desagrado do Grão-Turco reinante. He huma terrivel prisão, aonde aquellas desgraçadas mulheres passão amofinadas o resto de sua vida, quando não são concedidas por especial graça a alguns validos do Principe, que as pedem, e que casão com ellas. Os seus guardas são Eununuchos negros velhos, de quem recebem tratamentos indignos. Efte Serralho he grande, e cercado de altas muralhas, fem mais fahida para fóra, que a de huma fó porta mui bem fechadá, e guardada por Eunuchos negros. Logo que o Grão-Senhor morre, fe envião para o Serralho velho todas as mulheres, que tiverão trato com elle, e todas aquellas, cuja idade, e figura não póde ainda agradar. Aquellas porém, que não eftão neftas circumftancias, continuão da mefma forte a ficar no Serralho, e para o mefmo fim, para que d'antes eftavão. As Sultanas velhas, claufuradas no velho Serralho, tem occafião de chorarem a morte do Principe, ou a de feus filhos, que feus fucceffores mandão matar; porque feria criminofo o chorar no palacio do novo Sultão, aonde tudo deve refpirar alegria, e feftejo pela fua acclamação, e fubida ao throno do Imperio Ottomano. As Sultanas fazem quanto podem por amontoar riquezas, em quanto corre noticia que ellas são valídas do Prin-

ci-

cipe ; e quando depois estáo encerra-
das no antigo Serralho, fazem divulgar, que sáo muito ricas, para ver se
assim obrigáo alguem a ir pedillas para confortes, pois só deste modo podem recobrar sua liberdade. O Gráo-
Senhor tem hospedaria no Serralho
velho, e algumas vezes ahi vai passar alguns dias para se divertir.

CAPITULO LVI.

Dos Eunuchos.

OS Eunuchos empregados na guarda da clausura, em que habitáo
as mulheres, todos sáo Mouros. A
maior parte tem o semblante desfigu-
rado, e quasi todos sáo mutilados,
de sorte que náo lhes fica sinal algum de virilidade. Os grandes do
Imperio tambem tem desta qualidade
de gente em companhia de suas mulheres, e de suas escravas para segurança da sua fidelidade. Costuma-se
pôr aos Eunuchos o nome das mais
lindas flores, como por exemplo,
Nar-

Narcifo., Rofa, Jafmim &c. para que
da boca das mulheres, que os chamão,
não faia palavra, que não feja honefta, e agradavel.

Ordinariamente ha cem no Serralho, e tem hum capataz que os governa, e em quem o Gráo-Senhor
defcança ácerca da fidelidade das claufuradas. Os Eunuchos, que tem a cara ménos disforme, são deftinados para guardas da primeira porta; mas
os que eftáo de vigia ás mulheres, e
que conversáo familiarmente com ellas, além de ferem pretos, tem ainda outras disformidades confideraveis
que os fazem horrendos, medonhos,
e odiofos, a fim de que, tendo ellas
fempre diante dos olhos femelhantes
monftros, melhor lhes pareça o Gráo-
Senhor, e mais fufpirem por elle.
Dentro do Serralho ha tambem certo
número de Mouras para fervirem as
mulheres: dous Eunuchos tem os principaes cargos, e a primeira authoridade no Serralho. Hum chama-fe *Ku-*
tzlir-Agafi, que quer dizer, Super-
intendente, ou capataz das mulheres

o outro denomina-fe *Capa-Agafi*, ou porteiro; efte he branco, aquelle negro, e cada hum delles governa todos os Eunuchos da fua cor. He tal a fubordinação, que reina entre os Eunuchos, que os mais moços venerão, e refpeitão fobre maneira os mais velhos.

CAPITULO LVII.

Ichoglanos.

O Gráo-Senhor não confidera em feus Miniftros nem o nafcimento, nem as riquezas. Elle fe ferve com gente, que inteiramente lhe eftá dedicada, e que fendo-lhe devedora da fua creação, e educação, eftá obrigada a empregar no feu ferviço toda a fua capacidade, e virtude, e a reftituir-lhe por hum genero de retribuição toda a defpeza, que fez em lhe illuftrar o efpirito, e alimentar o corpo; de forte, que a póde exaltar fem caufar ciume, e arruinalla fem perigo, nem temor. Pelo que

to-

toda a mocidade deftinada para ós
mais pingues , e honrofos empregos
do Imperio , e a quem 'os Turcos
chamáo *Ichoglanos* , deve proceder de
pais chriftáos , tomada na guerra , ou
vinda de muito longe. Os Argelinos
quafi nunca fazem prefentes ao Sultão ,
em que não vão alguns rapazinhos
chriftáos , que elles captiváráo. Facilmente fe conhece que efta politica
eftá fundada em que os chriftáos abor-
receráo , e teráo aversáo aos feus mefmos parentes , que tiverem fido educados com principios , e noçóes táo
differentes das fuas , e em que , quando elles vem de muito longe , com
facilidade perderáo reciprocamente a
lembrança huns dos outros , de forte ,
que os Ichoglanos , tendo perdido todos os habitos , e coftumes , que antecedentemente tinháo , a lembrança ,
e amizade de feus parentes , procura-
ráo anciofos fatisfazer , e agradar a
feu Senhor. Mas he neceffario , que
todos os que paffáo a fer Ichoglanos ,
fejáo bem feitos , bem parecidos , é
que não tenháo em feu corpo o menor

nor defeito natural ; porque os Turcos tem para fi que he quafi impoffivel , que huma alma infame refida
em qualquer perfeito , e eftimavel corpo. Por efta caufa , não fómente no
Serralho , mas tambem entre os Cortezãos , toda a mocidade de feu fe-
quito he bem feita , e muito obedien-
te , e refpeitofa em prefença de feus
Senhores. Antes de fe receberem os
Ichoglanos, fe aprefentão os que o hão
de fer ao Gráo-Senhor , o qual os
manda conduzir para algum dos feus
Serralhos. Os que forão efcolhidos para o de Conftantinopla , fempre tem
alguma particularidade , que os faz
mais recommendaveis , e são os primeiros que fahem providos nos empregos do eftado. Ficão todos debaixo da infpecção , e governo do capataz dos Eunuchos brancos. Eftes os
tratão com incrivel feveridade. Os caftigos , que ordinariamente experimentão,
são : pauladas nas plantas dos pés ,
grandes jejuns , e vigilias , e algumas
vezes caftigos ainda mais afperos ;
de forte , que he indefeótivelmente
ne-

neceffario que todo aquelle, que paffou por todos os differentes gráos do
Serralho, feja homem extraordinaria-
mente paciente, e capaz de fupportar
todas as fortes de fadigas, e de executar todas as ordens, e mandamentos. Os Turcos tem por maxima cer-
tiffima, que he impoffivel faber governar, fem ter aprendido a obedecer.

Quando os Ichoglanos fe não mof-
trão flexiveis, e doceis ás inftrucções,
que recebem, ou são incorrigiveis, os
Eunuchos avisão difto ao feu capataz:
efte depois de haver dado informa-
ção delles ao Grão-Senhor, os defpede do Serralho, e manda para os
Spahis, porque os Ichoglanos, affim expulfos, e os que pedem licença para fe retirarem, por não poderem foffrer os máos tratamentos que
lhes fazem, ou a grande fujeição em
que os tem, perdem toda a efperança de ferem elevados a empregos confideraveis.

Antes de irem os Ichoglanos para as differentes partes aonde devem
fer inftruidos, fe lhes tomão feus nomes,

mes, o de fua familia, e pais, e fua
idade; e tudo fica efcripto em hum
livro de regiftro , no qual fe lança
tambem o vencimento diario do ordenado de cada hum , cuja copia vai
remettida ao thefoureiro geral a fim
de fe lhes apromptar em conveniente
tempo feus pagamentos , que he a razão de finco afpres por dia. Eftando
affim aliftados, são diftribuidos em duas
efpecies de Seminarios , a que os Turcos chamáo *Oda*. O primeiro he compofto de quatrocentos, o fegundo de
cento e fincoenta. As lições são as
mefmas em hum, e outro, e não ha
genero algum de preferencia , que poffa, ou deva elevar huns primeiro que
outros aos empregos. A primeira coufa, que fe lhes enfina , he a guardarem
filencio, a ferem refpeitofos, humildes, e obedientes; a terem a cabeça
baixa , e as máos cruzadas fobre o
ventre. Seus meftres os cathequisáo
ao mefmo tempo, e inftruem com fobejo cuidado fobre tudo o que pertence á Religião Mahometana , e lhes
enfináo a ler , a efcrever , e a fallar

lar perfeitamente sua linguagem propria. Tendo feito nesta algum pro-
gresso attendivel, se lhes ensina a fundamento a Arabiga, e a Persica, que
lhes vem a ser necessarias, quando estáo exercitando alguns governos nos
lugares Orientaes do Imperio. Todas
as suas acções são observadas diligen-
temente pelos Eunuchos, o que faz
que em qualquer tempo que seja,
nunca entre elles haja familiaridade,
que não seja honesta. Quando vão ás
partes destinadas para satisfazer as necessidades da natureza, ou ao banho,
sempre os acompanha hum Eunucho,
e nunca os perde-de vista, nem con-
sente, que nenhum de seus amigos
lhes falle sem licença do Capa-Aga,
ou chefe dos Eunuchos. Tem seus
dormitorios em grandes salas, aonde
ha alampiões accesos toda a noite;
suas camas estão postas a par humas
das outras, levantadas do chão sobre
madeira, e a cada sinco, ou seis se
segue a de hum Eunucho collocada
de sorte, que elle póde ver, e ouvir
facilmente, se se diz, ou se faz al-
gu-

guma coufa entre os Ichoglanos, que feja torpe, ou offenda a modeftia.

Quando elles tem chegado a huma certa idade, e que são capazes dos exercicios, que requerem força, e vigor, fe lhes enfina a manejar o efpontáo, ou lança, a difparar frechas, e a defpedir o dardo. Pafsáo muitas horas do dia nefta qualidade de exercicios, ou fe appliquem a todos, ou a algum delles ; e os Eunuchos os caftigáo feveramente, quando vem que elles fe efquecem, ou affrouxáo. Muitos ha que empregáo grande parte do tempo em armar os arcos para defpedir fettas : applicáo-fe a ifto gradualmente, principiando pelos mais fracos, e leves, e acabando pelos mais fortes, e pefados : em confequencia defte exercicio chegáo a armar arcos de força extraordinaria. Eftas frequentes occupações os fazem vigorofiffimos, e fobre modo proprios para a guerra. O manejo, dexteridade, picaria são os feus principaes exercicios, aonde aprendem a manejar todas as fortes de armas, mefmo a cayal-

vallo: o Gráo-Senhor gosta muito de
os ver exercitar deste modo. Cada
hum delles então se esmera no modo
de se distinguir dos seus companheiros, para se fazer conhecer, e esti-
mar do Principe, que he o meio de
se adiantar mais depressa. Tambem
ha dias destinados pelo Sultão para
batalharem os Eunuchos brancos contra os pretos, o que rarissimas vezes
succede, ou os Eunuchos pretos contra os pagens a cavallo; e isto he mais
frequente; mas este barbaro divertimento poucas vezes se acaba sem der-
ramamento de sangue. Os Ichoglanos
aprendem, ainda mais a coser, a bor-
dar, a fazer frechas, para assim serem
mais uteis ao Gráo-Senhor: em huma
palavra são occupados em tantas cousas, que não tem occasião de estarem
ociosos, nem de darem entrada á per-
guiça. Quando acontece que algum
excede muito aos outros naquelle mister de que he, póe-se-lhe o appellido
do mesmo mister, em que se destin-
guio, e por elle he conhecido nos
governos, ou cargos de importancia
pa-

para que vai, quando fahe do Serralho. Todos os que dáo melhor conta de fi, são mais attendidos, e páfsão primeiro para os grandes empregos de Palacio, que vem a fer: I. Lavadeiros do Gráo-Senhor: emão mudáo os veftidos de panno para de fetim, e téla de ouro, augmenta-fe-lhes o feu falario com tres, ou quatro afpres por dia, e ás vezes ainda mais: II. Depois pafsão para a thefoureria; dahi para o laboratorio, ou botica, aonde fe guardáo as drogas, os cordiaes, e as bebidas do Imperador. Deftas duas ultimas claffes são elevados por regular ordem á mais eminente do Serralho. Efta claffe he compofta de quarenta pagens, que fempre eftáo juntos á peffoa do Sultáo. Deftes fe efcolhem doze, que poffuem os maiores cargos da Corte; cada hum tem feu emprego: hum traz a efpada ao Gráo-Senhor; outro o feu manto Real; hum terceiro pega no eftribo; o quarto traz agoa ao Imperador, ou para beber, ou para fe lavar; o quinto lhe cómpóe, e enfeita o turbante;

o

...o Grão-Senhor gosta muito Ca...
exercitar deste modo. Ca...
...lles então se esmera... no m...
...istinguir dos seus compan...
...ra se fazer conhecer, e...
...Principe, que he o mei...
...r mais depressa... Tar...
...destinados pelo Sultão
...os Eunuchos branco
...os, o que rarissimas
...u os Eunuchos pret...
...ns a cavallo; e isto
...mas este barbaro
...as vezes se acaba
...de sangue. Os Ech...
...ainda mais a coser
...frechas, para affl...
...Grão-Senhor: e...
...occupados em tan...
...tem occasião de
...de darem entrad...
...acontece que
...aos outros naque...
...põe-se-lhe o a...
...er, em que se
...elle he conheci...
...cargos de impo...

que dos quarenta , de que fazemos
menção , nenhum haverá , que deixe
de ter abundante , riquissimo , e magnifico apparato , e dinheiro , quando
sahe do Serralho, para ir tomar posse
de algum cargo de consideração nas
Provincias. Logo que algum destes va-
ga no Serralho , he substituido por outro da classe inferior. Nenhum sahe
do Serralho para qualquer governo,
ou emprego consideravel, sem ter contado quarenta annos de idade ; e só
por especial graça succede raras vezes
o contrario. Quando se despedem do
Serralho, vão primeiro visitar o Capa-
Aga, ou capataz dos Eunuchos , e
aos mais Officiaes principaes , a quem
por decóro pedem licença , e se lhes
recommendão em sua ausencia , pedin-
do-lhes o auxilio , e honra da sua
amizade.

Até agora fallámos do modo de
instruir os Ichoglanos, e de os avezar
aos exercicios do corpo ; presentemente saibamos como a alma se lhes cul-
tiva. O estudo , e a mediração não
são cousas estranhas no Serralho. Os
Pe-

pedagogos, ou meſtres encarregados da mocidade, primeiro que tudo lhe enſinão a ler, e a eſcrever, a fim de que por eſte meio ella poſſa ter conhecimento dos livros, que tratão das ſuas leis, e da ſua Religiáo, e mórmente do Alcorão. Para iſto ſe lhe enſina o Arabe; porque neſta linguagem eſtáo eſcriptos todos os theſouros das ſuas leis, e da ſua Religião. Cumpre abſolutamente, que todo o Bachá, ou Miniſtro de eſtado a ſaiba; porque, por eſte meio ſe conſtitue capaz de ler, e anotar as eſcripturas, e as ſentenças de todos os Officiaes de juſtiça, que lhe eſtão ſubordinados, e de poder fallar judicioſamente da ſua Religião, quando a occaſião o permitte. Como o primeiro cuidado dos meſtres he de fazerem ſeus eſtudantes dignos do agrado, e applauſo do Gráo-Senhor, pela elegancia, energia, e graça de ſeus penſamentos, e expreſsões, logo immediatamente depois de lhes enſinarem o idioma Arabigo, lhes enſinão o Perſico, porque nelle encontrão infinidade de palavras agradaveis, de doce, e fuave inflexáo, e accento, e de huma eloquencia, que fuppre bem a falta de fuavidade, e galanteria da linguagem Turca: enfináo tambem defta forte a fe formarem a exemplo dos póvos, cuja linguagem eftudáo, e a imitarem fuas acçóes virtuofas, e feu heroifmo pela leitura dos romances, efcriptos em linguagem Perfiana.

O vocabulo *Ichoglanos* fignifica meninos, ou rapazes do collegio, sáo de duas claffes: os primeiros, como acabamos de dizer, sáo deftinados para virem algum dia a occupar os maiores cargos do eftado; os outros sáo igualmente tirados das Tribus, que o Gráo-Senhor ufurpa dos Chriftáos, ou dos efcravos que os Turcos fazem na guerra; mas sáo os mais malfeitos de corpo, ou os menos favorecidos dos dotes do efpirito: chama-fe-lhes *Azamoglanos*, que quer dizer, meninos, ou rapazes rudes: fua occupaçáo he nos exercicios mais aviltados do Serralho: logo os mandáo para o trabalho dos jardins, e depois de

ahi

ahi terem servido bem por algum tempo , sahem para Janizaros , quando
tem aptidão para as armas , ou são
empregados em diversos usos meca-
nicos para serventia do Imperador.
Todos elles não são nem tão bem tratados , nem tão bem instruidos como
os Ichoglanos : não depende senão delles o aprenderem a ler , e a escrever , porque o Sultão paga a mestres
para proveito dos que se quizerem
aproveitar delles. Os Azamoglanos
não tem ordinariamente senão huma
via para chegarem aos grandes cargos
do Imperio , que he chegarem a ser
Boſtangi-Bachi , ou Mórdomo dos jardins do Serralho.

CAPITULO LVIII.

Mudos , e Naims.

ALém dos Ichoglanos , e Azamoglanos , o Sultão tem outra especie de gente em seu serviço , que
são os Mudos, e os Naims. Os primeiros dormem na camara dos pagens,

e

e de dia estão em lugar destinado para aprenderem a fallar, e a entender por sinaes. Esta qualidade de linguagem he muito usada na Corte do Gráo-Senhor, aonde he faltar ao respeito o fallar em presença do Principe, ainda mesmo em voz baixa, ou ao ouvido.

Ha oito, ou nove destes Mudos, que se chamão *Mudos validos*, por serem admittidos a estarem de guarda á camara do Imperador, e pelo divertirem com muitas visagens, e bobices.

Os Naims tem tambem sua habitação no Serralho com os pagens, e são destinados, como os Mudos, para divertimento do Gráo-Senhor. Se entre elles se acha algum, que seja surdo, e mudo, e que de mais seja Eunucho, he sobremaneira estimado.

CAPITULO LIX.

Dos Vizires.

DEpois de haver fallado do Grão-Senhor, do seu Serralho, e das pessoas que o compõe, vamos fazer a succinta narração dos principaes cargos do Imperio; começarei pelo do Vizir. Já disse delle alguma cousa quando fallei do modo, por que os Turcos administrão a justiça; mas aqui he o lugar de dar a conhecer as outras funções annexas a este respeitavel emprego. O Grão-Vizir he denominado na Turquia *Vizir-Azem*; he o primeiro, e principal Ministro da Porta: governa todo o Imperio, e dispõe de todas as honras, e de todos os cargos, menos os da Magistratura: elle sómente escreve a todos os Embaixadores dos Principes estrangeiros, e a todos os Ministros de estado, e lhes responde a seu alvedrio, e sem sujeição a alhea vontade. Finalmente, todos os negocios de maior ponderação

ção do civíl, e criminal, elle os termina, e refolve, fegundo lhe praz. Vai ao Divan quatro vezes na femana, aonde fe ajunta com os outros Miniftros, fem fer obrigado a tomar, nem a feguir o parecer delles. E para o dizer em huma palavra, a fua authoridade he abfoluta; e bem fe póde affirmar que mais he elle o Imperador, que o mefmo Grão-Senhor; de forte, que fe o Grão-Vizir não eftiveffe fempre a perigo de fe lhe cortar a cabeça, feria certamente mais feliz, que feu legitimo Soberano.

Quando o Grão-Senhor não vai peffoalmente á guerra, vai ordinariamente o Grão-Vizir commandar com poder abfoluto. Se a guerra he para a parte da Perfia, o Sultão cede todo o feu direito das Provincias da Afia a favor do *Vizir-Azem*, que por efta caufa goza do poder de conferir nellas todos os cargos, e de nomear os Governadores: o mefmo fe pratíca, quando os Turcos fazem a guerra para a parte da Europa; o que obriga multidão de gente a ir fervir

nos

nos exercitos, com esperança de alcançar alguns daquelles cargos, ou daquelles governos.

O Gráo-Vizir he o primeiro da
Milicia, e quer preceder aos Cadys,
ou Jurisconsultos do Imperio, e aos
Ministros da Religiáo: elle nunca vi-
sita o Mufti, e este vai visitallo com
frequencia; o que náo obstante todos
os Imperadores fazem melhor gasalha-
do, e veneráo mais o Mufti, que o
Vizir. Diremos de passagem; que tempo houve em que se suscitáráo grandes pendencias ácerca de preferencia
entre os Militares, e Magistratura;
mas o Gráo-Turco terminou esta con-
tenda declarando, que dahi para diante o lugar mais honroso dos primeiros seria á máo esquerda, e dos segundos á máo direita, de sorte, que
quando concorrem estes dous córpos,
cada hum vai tomar o seu lugar competente mais honroso: mas todavia os
homens de guerra sáo mais estimados, e mais bem avaliados entre os
Turcos.

A unica ceremonia que se pratíca
quan-

quando se quer fazer hum primeiro
Vizir, não consiste em mais, que em
se lhe entregar em mão propria o sello do Gráo-Senhor, no qual está gra-
vado o nome do Imperador. Em virtude deste sello, que o Vizir traz sempre em seu seio, está revestido de todo o poder do Imperador em seus
vastos dominios, e póde, sem obser-
var nenhuma formalidade, desfazer.
todos os obstaculos, que se oppóe
á liberdade de sua administração; mas
tambem quando o Gráo-Senhor o quer
depôr, não faz mais que mandar-lhe
pedir o seu sello, que o mesmo Soberano o dá a outro a quem quer
elevar a esta dignidade. Qualquer Vizir, que descahio da graça de seu
amo, se julga por muito feliz quando
não se lhe pede senão o sello; porque
muitas vezes se lhe manda que remet-
ta juntamente a cabeça, ao que elle
obedece pontualmente sem a menor
resistencia. Como o cargo de Vizir-
Azem he o mais consideravel do In-
perio, he tambem o mais exposto á
inveja dos Bachás que o pertendem:
são

são muitas as elevações, e quédas repentinas, que por maneira extravagante tem fuccedido, e fuccedem a todos os que chegão a fer reveftidos de tão mageftofa dignidade.

O primeiro, ou Gráo-Vizir tem hum tratamemto correfpondente á grandeza do que elle reprefenta: tem ordinariamente em feu Palacio mais de dous mil Officiaes, ou domefticos. Quando apparece em acto público, leva diante de fi tres caudas de cavallo penduradas, ou prezas a hum bordão alto com caftão de ouro. Os tres principaes Bachás do Imperio, que são o de Babylonia, o do Cairo, e o de Buda, tem todos permifsão de fe fervirem defta infignia de diftinção, e de honra, nos lugares fómente de fua jurifdição: a nenhum dos outros he concedida, e apenas podem ufar de huma cauda.

O Gráo-Vizir reprefenta o Sultão, e he o Doutor, e interprete das leis, e todos podem avocar fuas caufas para o feu Tribunal, cuja decisão termina todo o pleito; mas por maior

que

que seja a sua authoridade, não se
estende a poder mandar cortar a cabeça a hum Bachá, de quem elle he
considerado como irmão primogenito.
Para isto tem necessidade da assignatura do Sultão, e cumpre que a tenha immediatamente delle mesmo. Não
tem direito tambem de castigar os
Spahis, nem os Janizaros, nem ainda
outro qualquer militar sem participa-
ção do seu Chefe: as tropas tem con-
servado este privilegio, que os livra
de infinidade de oppressões, e de violencias. Em tudo o mais he inteiramente absoluto, e domina tanto no
Grão-Senhor, que quando quer pro-
screver, ou perder qualquer Official,
que seja do Imperio, tem sempre prompta a assignatura do Imperador. Não
se aprefenta requerimento, pede graça alguma, ou se faz petição ao Grão-
Turco, que não passe primeiro pelas
suas mãos. Mas todavia se elle faz
alguma injustiça consideravel, aquelle,
que a recebe, tem direito, e liberdade
de appellar para o Grão-Senhor da maneira que dissemos quando fallámos do
Serralho.   As

As rendas do Gráo-Vizir, produ-
zidas pelos emolumentos do feu cargo, não excedem annualmente a vinte mil cruzados; a immenfa riqueza, que efte emprego produz para quem o ferve, procede dos muitos, e confideraveis prefentes, que elle recebe de todos os que occupão as primeiras dignidades do Imperio. Todos os que tem empregos fóra, e longe da Corte, tem feus agentes em Conftantinopla, que ganhão a vontade do Vizir a poder de dádivas, e de prefentes, a favor dos feus parciaes. Além difto, em certos tempos do anno todos os Bachás, e Governadores de Provincia lhe mandão prefentes de muitiffimo valor. Ultimamente acceita fommas confideraveis de toda a qualidade de peffoa que o quer fubornar para obter o que pertende; de forte, que até vende a mefma juftiça, e faz venal toda a fua adminiftração, de que fe fegue, que fe efte Miniftro he avarento, como poucas vezes deixa de acontecer, o feu rendimento não fe póde avaliar, e chega a igualar ao

do

do Gráo-Senhor. Mas como o Principe não ignora todo este comportamento , tem muitos modos de lhe tirar grande parte dos seus thesouros. Ao principio lhe faz pagar grande quantia de dinheiro quando toma posse do seu cargo , o que obriga o novo Vizir a fazer dividas , que ao depois ha de pagar. Em segundo lugar , o Sultão , sobpretexto de amizade lhe faz frequentes visitas , donde nunca se retira sem que o seu Ministro lhe dê humildes signaes do seu rendimento , e vassallagem , offertando-lhe com boa acceitação dádivas dignas de hum tal Soberano. Muitas vezes tambem o Imperador lhe manda pedir cem mil cruzados , para remir certa precisão que elle diz que tem , e deste modo recolhe em si grande parte das rendas immensas do Gráo-Vizir.

Não se lê na Historia dos Turcos , que este cargo começasse antes de Amurat III. Este Principe passando á Europa com *Lala-Schabim* , seu Governador , o fez Presidente do seu Conselho , e General do seu exercito , com o qual conquiftou Andrinopoli. Depois daquelle tempo os mais Imperadores tem confervado efte cargo ; e quando fallão familiarmente com o feu Vizir , ainda lhe chamão *Lala* , que quer dizer Governador , ou Protector.

A' excepção do Gráo-Vizir , ainda ha outros , que fe chamão Vizires do Banco , ou do Confelho , e que nenhuma authoridade tem no que pertence ao Governo : são ordinariamente peffoas graves que exercêrão algum emprego , e que são inftruidos nas leis : tem affento no Divan com o Vizir-Azem , mas não tem voz deliberativa , e não podem dar parecer, nem voto , fem que o Gráo-Vizir lho peça. O feu ordenado fahe do thefouro do Principe , e não excede a dous mil cruzados por anno. Como fua riqueza he pouca , tambem ha pouco quem fufpire por efte lugar , e por efta caufa não eftão fujeitos aos terriveis effeitos da inveja , nem aos revezes da fortuna a que eftão expoftos os que eftão elevados ás mais altas dignidades. Com tudo , quando

ha

ha que deliberar sobre negocio de maior importancia, são chamados ao Confelho privado com o Mufti, e os Cadilefquieros, e então fe lhes dá faculdade de fallarem, e de dizerem o feu parecer ácerca do que fe trata.

CAPITULO LX.

Dos Bachás.

ESta palavra fignifica Commandante, ou Chefe. He huma qualidade, e titulo honorifico, que ordinariamente fe confere aos principaes Officiaes do eftado, fem indicar emprego algum. Ainda que efta qualidade feja huma das mais brilhantes do Imperio, todavia o Sultão, quando lhe parece, trata os Bachás como fe foffem vís efcravos. Muitas vezes lhes manda pedir a cabeça, ou os manda degolar, a fim de fer feu univerfal herdeiro, ou de os reduzir a eftado de não poderem emprehender coufa alguma contra o Imperio, ou contra fua peffoa. Se feus defeitos, ou culpas

pas, que commettérão não são de pena de morte, ou os manda açoitar por escravos, ou lhes manda cortar por seus bobos os rabichos de seus cavallos, o que os Turcos recebem pela maior affronta que se lhes póde fazer.

Não he a virtude, nem o merecimento, nem a nobreza do sangue quem faz os Bachás; he unicamente o favor do Sultão, que repentinamente póde fazer que o individuo mais abjecto do seu povo passe a gozar do maior gráo de nobreza do seu Imperio, e que os que estão condecorados nos principaes empregos vão para o número dos mais vís escravos. Esta politica Ottomana impede as sedições, e as rebelliões em todos os seus estados; pois como nelles ha muitas Provincias ricas, poderosas, e distantes, cujos Governos o Grão-Senhor póde dar a quem lhe praz, seria para temer, que os que as possuem, sacudissem o jugo, a fim de se apossarem dellas, como senhores absolutos, para si, e para seus descendentes. A politica dos Turcos se applica a prevenir estes generos de desgra-

graças, que poderião, perturbando o
Imperio, caular finalmente a fua ruina. Pareceo-lhe pois que entre elles
toda a Nobreza devia fer anniquilada, e não foffrer que os maiores cargos, e as grandes riquezas paffaffem
por fuccefsão nas familias dos particulares. Por efta caufa os Bachás, que,
como diffemos no artigo dos Ichoglanos, forão creados no Serralho, fem
conhecerem feus pais, nem familia,
achão-fe fem amigos, e fem arrimo
quando dahi fahem para os feus Governos, e por confequencia eftão defarmados, e incapazes de emprehender coufa alguma em prejuizo do Grão-
Senhor. Para fupprimir aos particulares os meios de amontoar riquezas,
as quaes enfoberbecem os homens na
Turquia, bem como nos mais eftados, o Imperador fe intitula primogenito de todas as cafas abaftadas, e
poderofas; e em virtude difto fe apodéra de todos os bens dos Bachás
que morrem; e fe a efte ficão filhos,
e alguma porção lhes dá, he a feu
arbitrio, e por efpecial graça, ficando
dei-

deſte modo as grandes familias inteira-
ramente arruinadas. Ainda ſe procede
cbm mais ſeveridade ácerca da familia dos meſmos Ottomanos : ha grande vigilancia, e cuidado em ſe eſtorvar que elles cheguem a ſer elevados
aos grandes cargos , para que não
ajuntem riquezas que lhes poſſa excitar a ambição de aſpirarem ao Soberano poder, e de ſubirem ao throno.
Motivo eſte , porque a lei funda-
mental dos Turcos prohibe que os
filhos de qualquer Sultana , caſada com
hum Bachá , poſsão ſer admittidos a
qualquer emprego no Imperio. Pela
morte de ſeu Pai , o Grão-Senhor tira
do remanecente do defunto com que
pagar as arras da viuva , que ordinariamente monta a cem mil cruzados, dá muito pouco aos filhos , e recolhe para ſi o mais como principal,
e unico herdeiro.

O Sultão ainda tem outro meio
para abater, e humilhar hum Bachá,
e conſiſte em deſpozallo com huma
de ſuas irmãs , ou parentes proximas;
porque deſde o inſtante , e meſmo an-

tes de cafar com ella , elle fe conftitue hum feu efcravo : he precifo que elle fe entregue totalmente a ella , e que fe prive da liberdade de ter muitas mulheres. Se antes do cafamento a' Sultana lhe manda pedir dinheiro , pedrarias , ou joias , eftá obrigado a fatisfazella fem moftrar o menor defcontentamento. Regula-fe-lhe quaes devem fer as arras, que elle deve confignar a fua efpofa , e fempre as arbitráo o mais vantajofo , que he poffivel para a Sultana. Parece-me que o leitor folgará de faber o que fe pratíca nefta efpecie de contratos; eu o relato. Quando as arras eftáo reguladas em prefença de Juiz competente , hum Eunucho negro encaminha , por fórma de agradecimento, o novo marido , até entrar na cafa de fua mulher. Logo que a Sultana o percebe, tira o feu punhal , e com elle na máo lhe pergunta arrogantemente quem lhe deo a oufadia de entrar no feu domicilio : o Bachá lhe refponde com manfidão , e humildade , aprefentando-lhe a affignatura do Sultáo , que approva o

feu

feu conforcio. Então a Sultana fe levanta, o trata com mais civilidade, e
carinho, e ambos converfão familiarmente. O Eunucho pegando nas chinelas do Bachá as põe fobre a porta da camara para dar a conhecer que
elle fôra bem recebido. Ainda bem
efta ceremonia não eftá acabada, já o
pobre Bachá principia outra. Faz-lhe
huma profunda genuflexão, inclinando-
fe até ao chão, e recuando alguns
paffos, recita-lhe huma oração, em que
lhe teftemunha a grande eftimação que
faz do feu merecimento, e peffoa, e
o quanto o fatisfaz, e contenta a honra que recebe della fe dignar de querer fer fua efpofa. Segue-fe a ifto o
ficar mudo, immovel, e fem acção,
mãos cruzadas fobre o eftomago, e
na figura mais abatida, e humilhada
que elle póde reprefentar, até que a
Sultana lhe mande imperiofamente que
lhe traga agoa, ao que elle obedece
pontualmente indo bufcar huma taça,
que anticipadamente, e para efte effeito fe põe na mefma cafa, e lha offerece de joelhos; maneira efta, em

que fica, até que ella, tendo bebido,
lha torne a entregar. Acabado este acto,
trazem as servas da camara da Sultana huma meza baixinha, em que vem
algumas iguarias, e o noivo convida,
e insta com a Sultana, para que ao
menos prove do que alli se lhe apresenta, ao que ella recusa obstinadamen-
te, até que se lhe entreguem as pren-
das, e presentes, que lhe leva o Bachá, e que de antemão estão deposi-
tados na sala immediata. A' vista delles toda a sua altivez se abranda, e
então cede aos rogos do seu novo es-
poso, póe-se á meza, come o que o
Bachá lhe offerece, e depois torna a
ir para o seu primeiro lugar. Então
todos os assistentes se retirão, e ficão
ambos sómente por espaço de huma
hora para poderem conversar com liberdade. Passado este tempo, os amigos do marido o convidão ao som
de instrumentos para ir festejar seu noi-
vado na antecamara, aonde passão grande parte da noite em divertimentos.
Ao amanhecer, quando ainda a Sultana está na cama, entra o miseravel

Ba-

Bachá muito devagarinho na camara
aonde ella eftá deitada , e depois de
fe defpir , levanta demanfinho o co-
bertor pelos pés do leito aonde eftá
de joelhos em toda efta acçáo, e pegando nos pés da Sultana os beja , e
depois fe introduz na cama, entrando por aquella mefma parte infenfi-
velmente. Poucas horas depois , feus
amigos o vem bufcar para o levarem
ao banho , e a Sultana lhe faz prefente de toda a roupa, de que fe ha
de fervir ao fahir defta celebrada ablu-
çáo. Continuáo a viver em conforcio, mas em público a Sultana affe-
éta fempre muita diftinçáo entre ella , e o Bachá : o feu punhal anda effectivamente ao lado , ó que moftra
a fua fuperioridade, e pede a feu efpofo tantas coufas , e táo repetidas
vezes , que finalmente lhe efgota feus
thefouros. Os Bachás fogem quanto
podem deftas allianças , e náo as con-
trahem quafi nunca, fem ferem obrigados pelo gofto , e mandamento do
Principe ; porque além de que eftas
mulheres os tratáo como efcravos, po-

dem

dem repudial!os, quando o Sultáo lho permitte, para defpofarem outros, e muitas vezes lhes fazem cortar a cabeça. Ainda náo he baftante mortificar, e empobrecer os Bachás, pois o Gráo-Senhor, náo poucas vezes, pefquiza efficazes meios de fe desfazer de alguns, por desconfiança, e temor que tem de que a honra que obtiveráo de eftarem alliados á familia Real, haja de os enfoberbecer, e de lhes infpirar algum attentado contra fua vida, e peffoa. O expediente, de que mais fe ferve, he de os expôr na guerra ás acções arrifcadas, e mórmente áquellas, em que quafi he impoffivel náo perecer.

CAPITULO LXI.

Os Berglerbeys.

ESte he o nome que os Turcos dáo aos Governadores de Provincia. Os Berglerbeys sáo fuperiores aos *Sangiacos*, aos *Beys-Agas*, e á outros Officiaes. O Gráo-Senhor lhes permit-

mitte tres infignias , a que em Turquia fe chama *Tug* : são tres baftões
com caftões de ouro de defmarcada
groffura , em cada hum dos quaes eftá pegada , ou prefa huma cauda de
cavallo. Os que são condecorados com
efte final de diftinção , e honra , tem
o nome de *Bachás* de tres caudas , para differença dos Bachás que tem fó
duas , e dos Sangiacos-Beys , que tambem denominando-fe Bachás , não tem
fenão huma. A unica ceremonia que
fe pratíca quando qualquer Berglerbey
toma poffe do feu emprego , he levar
adiante de fi huma bandeira do Imperio , e fer acompanhado ao fom da
mufica , pelo *Menalem* , que he hum
Official deftinado para efta função fómente. Os Governadores , ou Berglerbeys , a cujas ordens eftão fogeitos
muitos Sangiacos , são de duas fortes :
os primeiros chamão-fe *Hafile-Beg-
lerbeys* ; eftes tem huma renda empra-
zada nas cidades , villas , e lugares
da fua jurifdição. Os outros denomi-
não-fe *Saliane-Beglerbeys* ; e cobrão
feus eftipendios dos dinheiros que fe

recolhem nas Provincias dos feus Go-
nernos pelos Officiaes do Grão-Senhor,
de forte, que fe póde dizer que são
pagos do thefouro do Principe. Os
principaes Beglerbeys da Afia são os
da Natolia, ou Anatolia, de Caramania, ou Cilicia, de Biarbekiro, ou
Mefopotamia, de Damafco, de Sivas
cidade da Armenia, os de Erzrum,
de Tehildir, e de Karfo nas fronteiras da Georgia, de Van, cidade da
Media, de Schehereful na Afiria, de
Alepo, de Marafco junto ao rio Eufrates, de Chypre, de Tripoli na Syria, de Trebizonda nas margens do
Mar Negro, e de Kiká. Os principaes Beglerbeys da Europa, são os
de Romania, do Capitão-Bachá, de
Buda em Hungria, de Temifvaro no
mefmo Reino, de Bofna em Mifnia.
Os da Africa são o Grão-Cairo, Be-
gadata, ou Babylonia, Habelch, Bo-
fra, Labfa, Argel, Tunes, e Tripoli em Barberia.

Os Beglerbeys são obrigados em
tempo de guerra a dar hum homem
ao Grão-Senhor, por cada finco mil

afaſpres que tem de renda annual : elles porém não ſe deſcuidão de quererem agradar ao ſeu Soberano ; e ou ſeja por eſta cauſa , ou por oſtentaçáo , ſempre excedem muito o número, que devem dar , e ha tal , que lhe dá effeſtivamente ſeis , ſete , e até oito mil homens. De todos os Beglerbeys , ſinco tomão a qualidade do Vizir , ou de Conſelheiros de eſtado : eſtes ſão os de Anatolia , de Babylonia , do Gráo-Cairo, da Romania , e de Buda: ſão tambem cs mais poderoſos , e os mais conſideraveis do Imperio Ottomano. Todos os mais ſeguem a ordem de antiguidade da conquiſtá , e da poſſe dos lugares, de que ſão Governadores. Quando os Governadores das Provincias acabão o tempo de ſua commiſsáo , retiráo-ſe outra vez para Conſtantinopla , aonde fallão ao Gráo-Senhor huma unica vez para lhe dar conta da ſua adminiſtraçáo. Depois, conforme a ſua reputaçáo , e protecçóes, obtem outros Governos, ou álgum cargo na Corte. Se a ſua conſervaçáo não tem bom effeito nos primeimeiros lugares, fatisfazem-fe com outra inferior commifsáo, ao que elles chamáo *Arpanlico*, para efperarem melhor fortuna; de forte que os Turcos náo fe envergonháo de acceitarem cargos de claffe, e graduaçáo menor que a de que fahíráo.

Affaz difficultofo nos feria relatar aqui todos os meios, de que os Governadores fe fervem para, em pouco tempo, viverem na opulencia. Aproveitáo-fe de todos os bens confifcados por crime de defobediencia, ou rebelliáo, e outro fi da venda dos cargos, e dignidades da fua Jerarquia Ecclefiaftica que fe acháo vagos, ou fupprimidos. Se alguem he accufado, ainda que falfamente, de qualquer crime, elles fe apodéráo de todos os bens do criminofo. De mais, os feus efcravos fáo outros tantos piratas, que por feu mandado náo cefsáo de roubar, e fazer ceremonias aos da fua Naçáo, e aos Eftrangeiros; e para encobrir fua violencia, e tyrannia mandáo matar injuftamente os defgraçados a quem condemnáo como fe realmente foffem culpados.

CA-

CAPITULO LXII.

Dos Beys.

ASſim ſe chamão os Governadores das Provincias maritimas, os quaes tem obrigação de apromptarem de ſuas rendas as Galeras que lhes são deſtinadas. O Grão-Senhor não lhes dá ſenão a embarcação com a artilheria, vélas, cordas, e polvora. Os Beys devem armallas de eſcravos, a quem hão de veſtir, e ſuſtentar; eſtão obrigados a pagar aos marinheiros, e a ſuſtentar, e pagar em cada huma a guarnição de cem ſoldados, que elles denominão *Leventiſos*. Os Beys nunca ſe expõe de boa vontade ao combate: outro ſim o evitão, quanto podem, por não ſe arriſcarem a perder a ſua Galera; porque ſeus eſcravos, ſendo ſua principal riqueza, ficarião de todo arruinados, ſe os perdeſſem. Quando não eſtão em eſtado de as apromptar, tira-ſe-lhes o Governo. Em cada Governo ha tres Officiaes prin-

principaes afóra do Beglerbey, e são o *Mufti*, o *Reis-Effandy*, e o *Tefterdar*: o feu exercicio, e funções nas Provincias são em refumo as mefmas, que as de todos os que eftão reveftidos deftes mefmos cargos em Conftantinopla. Eu já fallei do Mufti, agora relatarei o que neceffario he para fazer conhecer os outros dous.

CAPITULO LXIII.

Reis-Effandy.

ESte Official he adjunto ao Grão-Vizir para expedir as ordens, Cartas-Patentes, e commiffões, que todos os dias fe envião para diverfas partes do Imperio; porque para cada refolução, ou negocio he neceffario huma ordem particular do Vizir: as mefmas Curias em que fe adminiftra a juftiça ordinaria, não eftão exemptas dellas, e são moderadas pelas ordens que a Corte lhes remette. Efta multidão de negocios obriga o *Reis-Effandy* a empregar immenfidade de Efcripturarios,

e

e lhe da meios faceis de se enriquecer prodigiosamente. Este cargo corresponde ao de Chancellér.

CAPITULO LXIV.

O Testerdar.

ESte he o nome do Thesoureiro Geral das rendas do Grão-Senhor, e que paga aos soldados, e que dá dinheiro para todas as despezas públicas. O thesouro, cuja chave elle tem, está no patèo do Serralho aonde se congrega o Divan. Todos os Thesoureiros das Provincias enviáo para o Serralho cada tres mezes todas as sobras, que se guardáo nó thesouro, de que o Grão-Vizir tem huma chave, e que além disto está sempre sellado com o sello do Imperador. Este thesouro náo se abre senáo em dias de Divan. O *Chiaús-Bassi* vai primeiro á porta do thesouro tirar o sello, e o leva ao Vizir para ver se está inteiro, e entáo, por sua ordem, o Thesoureiro tem huma cer-

ta.

ta propina, e regiftro de tudo o que
fe recebe , e de tudo o que fe dif-
pende. O feu cargo he differente do
de outro Thefoureiro do Serralho,
que tem cuidado fómente das defpezas da Porta , e de receber as utilidades cafuaes , e os prefentes que
fe fazem ao Imperador, que são de
tal qualidade , e em tal abundancia,
que nenhum Sultão deixa de ajuntar,
e fazer com elles hum confideravel
thefouro particular, o qual fe guarda
depois de fua morte em huma cafa
feparada , com efta infcripção feita
com letras de ouro fobre a porta:
Aqui eftá o thefouro do Sultão F.
Aquelle , a quem fe confia a guarda
defta porta, e cafa, chama-fe *Hafna-
dar-Bachi* , ou Thefoureiro do Serralho: efte governa os Pagens deftinados para guardar toda aquella riqueza, a qual he reverenciada , e confiderada pelos Turcos como coufa fa-
grada , e que não deve fer emprega-
da fenão em ultima extremidade.

CA-

CAPITULO LXV.

De outros respeitaveis cargos do Imperio.

O *Boftangi-Bachi* he o Gráo-Jardineiro, que tem a fuperintendencia dos jardins, ou hortejos do Serralho. He o que governa, náo fómente nos jardins de Conftantinopla, mas em todos os mais dos outros Serralhos. He hum dos principaes Officiaes da Porta; porque afóra do feu cargo fer de grande renda, anda muito chegado á peffoa do Principe. He quem vai ao leme da embarcaçáo, em que o Gráo-Senhor vai paffear ao mar, e entáo converfa com elle familiarmente. Náo fahe ordinariamente defte emprego fenáo para Aga dos Janizaros, para Capitáo-Bachá, ou Gráo-Vizir. O *Boftangi-Bachi* he o Prefidente do Serralho; elle he quem defterra, ou manda matar os criminofos. Eftá tambem encarregado da guarda, e policia do porto de Conftantinopla, do canal, que

vai

vai defta Capital ao Mar-Negro , e
das praias defte canal. Além da guarda de todas as cafas de campo do
Sultão , tem particular infpecção , e
direito confideravel fobre todos os vi-
nhos , que entrão em Conftantinopla
por terra , ou por mar , para ufo dos
Chriftãos , e dos Judeos. O feu cargo
o obriga igualmente a fervir de ef-
cabello ao Sultão no dia da fua acclamação , quando monta a cavallo
para ir a *Youpa* , lugar que eftá na
foz do Porto de Conftantinopla, aonde eftá a Mefquita de Youpa , donde
traz a fua origem do nome , e a
qual fe guarda com cuidado o alfange do Sultão *Ofman* , fundador da
Dinaftia dos Ottomanos.

. O Boftangi-Bachi he o unico que
tem liberdade para fe affentar na prefença do Grão-Senhor , a fim de poder governar o leme da embarcação ;
e fó nefta occafião toma affento , levando adiante de fi o feu Soberano ,
com quem a maior parte das vezes
converfa fobre muitos acontecimentos, particularidades , e negocios do
ef-

eſtado, das deſavenças dos Officiaes da coroa, da ſua fidelidade, dos deſignios dos Bachás &c., de ſorte que ao recolher do paſſeio alguns deſtes experimentáo muitas vezes funeſtos accidentes em conſequencia dos effeitos das impreſsóes que o Boſtangi-Bachi excitou no animo do Sultáo. Os Ichoglanos, e os Eunuchos eſtáo em pé ao redor do Imperador, ou perto delle na meſma embarcaçáo. Grande número de Azamoglanos váo puxando ao remo com tal força, e deſtreza, que parece que voáo ſobre as agoas. Os Azamoglanos váo uniformemente veſtidos de côr eſcarlate. Outras quatro embarcações precedem a do Gráo-Senhor, para aviſar todas as mais que navegáo naquelle mar, de que vem o Sultáo, a fim de ſe retirarem, ou de pairarem para náo haver o menor eſtorvo na ſua paſſagem. Ordinariamente ha ſete, ou oitocentos jardineiros, que trabalháo no Serralho debaixo das ordens do Boſtangi-Bachi. Entre elles ha hum certo número de Officiaes prinçipaes chamados *Hoſtalar*

Z   *ſos*,

fos, que lhe dáo conta todas as quintas feiras da venda que fizeráo dos
jardins; por quanto tudo o que alli
vegeta vai a vender para utilidade do
Sultáo; e o dinheiro que rende, he
empregado em mantimento, e ferve
para as defpezas peífoaes, e da oxa-
ria do Principe, o qual não vive fenáo defta renda; porque os Imperadores Ottomanos náo empregáo leve-
mente, e fem muito efcrupulo os tributos, e contribuições do povo em
coufa, que náo feja, ou concorra para
confervaçáo do eftado; e eis-aqui porque antigamente muitos daquelles Imperadores aprendiáo fempre algum of-
fício, ou arte, e trabalhaváo para ganhar fua vida. Ainda hoje fe confer-
vá alguma ferramenta no Serralho de
Andrinopoli, da que Amurat fe fervia
para fazer frechas, as quaes elle man-
dava aos feus principaes Officiaes, e
vivia dos prefentes que delles recebia;
mas prefentemente qualquer Sultáo vive em tempo de paz das rendas de
feus hortejos, que todavia montáo a
mais de feffenta mil cruzados. Em tempo

po de guerra como o Imperador tra-
balha para confervação do feu povo,
todo o feu gafto fahe daquelle dinheiro, e manda guardar o rendimento de feus jardins, até que outra vez
voltem da campanha para o Serralho.

O *Coza* he o Pedagogo, ou meftre dos filhos do Gráo Senhor. Eftes
Principes tendo ficado até á idade de
finco annos em companhia das amas,
que os creárão, tem depois meftres
até co ntarem doze, ou treze annos,
e continuando a viver até efta idade
em companhia de fuas máis. O Coza entra todos os dias no Serralho das
mulheres, aónde he conduzido por
Eunuchos negros, fem com effeito
ver alguma dellas. Dá liçóes aos Principes em prefença de duas velhas re-
gentes, e depois os mefmos Eunuchos
o tornão a acompanhar até á porta:
affim continuão, até que os Principes
cheguem á idade da circumcisão; ifto he, até fazerem treze annos; depois
os envião para algum Governo da Áfia.
Os Turcos denominão *Chaz-Adhe* ao
primogenito do Sultão, que lhe de-

ve succeder quando o Gráo-Senhor o
póe fóra do Serralho, e o faz *San-
gicabey* de Mangresiá, como he costume sem ter attenção á sua qualidade, elle he obrigado a obedecer ao
Beglerbey, que reside em Bursa, Cidade de Natolia. Como os Principes
Ottomanos são ordinariamente muito
desconfiados, e ciosos de seus proprios
filhos, costuma o primogenito mandar
cortar varias vezes os seus cabellos, e
remettellos ao Gráo-Senhor, para lhe
mostrar que ainda está na infancia, e
muito longe do estado, e capacidade
de governar. Isto com tudo não o estorva de ter mulheres logo que sahe
do Serralho. Commummente não sahe
desta casa senão o Chaz-Adhe: os outros Principes continuáo a ficar nella,
aonde são guardados com todo o desvelo, e cuidado; de sorte, que não
conversão senão com seus mestres:
são outras tantas victimas que se nutrem para segurança do Imperio. As
femeas são isentas desta violencia, são
creadas, e educadas por suas proprias
máis, e nunca sahem do Serralho das
mu-

mulheres fenão para cafarem. O Grão-
Senhor nunca dá fuas filhas , ou irmãs para confortes de Principes eftrangeiros, porque a todos confidera como infiéis , ou hereges. Elle mefmo
não quer cafar por evitar as grandes
defpezas a que o expóe feu conforcio , porque fó as arras montão á
quinhentos mil cruzados de renda annual. Além de que o cafamento he
para elle huma efpecie de fujeição,
pois ainda que a lei permitte aos Turcos o ufo de fuas efcravas como de
fuas proprias mulheres, o decóro, e
decencia os obriga a fazerem mais cafo deftas , e a cohibirem-fe de alguma forte por amor dellas. Demais,
he obrigado por lei a dormir com a
primeira de fuas mulheres a noite da
quinta para a fexta feira de cada femana.

O *Caimacão* he hum Official que
o Grão-Senhor nomeia, quando o Grão-
Vizir eftá obrigado a fair de Conftantinopla em acção de ferviço do Sultáo, para inteiramente governar como
Vizir , cuja authoridade lhe recahe.
Quando o Grão-Senhor fe vê obriga-

do

do a fair de Conftantinopla , nomeia
dous Caimacáos , hum para ficar na
Capital, e outro pára ir junto á Peſſoa.

O *Embrabor-Bachi* he o Eftribeiro-Mór, que governa as cavalherices do Imperador. Efte cargo he menos honroſo na Turquia que entre nós;
mas náo obftante tem muitos Officiaes
debaixo das ſuas ordens , entre os
quaes ſe conta o *Arpamino* : efte ultimo tem a ſeu cargo o cuidar das
provisóes neceſſarias para os cavallos.

O *Aſtalaraga* he hum dos quatro
Eunuchos brancos , que eftáo nas caſas do Serralho, aonde o Gráo-Senhor
eftá com os Ichoglanos. A ſua obrigaçáo he cuidar dos doentes , e governa todos os Officiaes que eftáo deftinados para tratar delles. Anda com
o ſeu turbante, e paſſeia no Serralho
a toda a hora que quer , á maneira
dos outros principaes Eunuchos brancos. Eftes vifitáo muitas vezes todas
as caſas do Serralho, e os quartos do
ſoberbo Palacio, para examinarem ſe
tudo eftá em bom eftado, e em boa
ordem. Elles vigiáo ſobre todos os
Of-

Officiaes do Serralho, e tem cuidado de que nelle não falte cousa alguma das provisões necessarias para cada dia. Os outros tres Eunuchos que occupão a mesma dignidade, são: *O Capi-Aga*, o *Chasnadar-Bachi*, e o *Serai-Agassi.*

O *Chasnadar-Bachi*, ou *Hasnadar-Bachi* he hum Eunucho do Serralho que cuida do thesouro occulto dos Imperadores. Succede ordinariamente ao *Capi-Aga* quando este morre.

O *Checaya* he hum dos quatro principaes Officiaes que governão na cozinha e meza do Grão-Senhor. O seu cargo corresponde ao de Mórdomo da Casa Real. Os outros tres, que, com pouca differença, exercem as mesmas funções, são: *O Argi-Bassi*, o *Mimut-Pagi*, e o *Cheche-Nigir-Bachi.* Estes Officiaes tem outros seus subalternos, que se denominão *Cheche-Nigir-Lersis*, os quaes acompanhão os seus chefes desde a cozinha até ao quarto, ou casa de jantar de S. Alteza, a cujas portas os Ichoglanos recebem os pratos, e os vão pôr na meza.

O

O *Kutezelir-Agaffi*, de que alguma coufa diffe quando fallei dos Eunuchos, he hum Eunucho negro velho, e capataz de todos os da fua
côr, e fuperior do Serralho das mulheres. He o guarda chaves de todas
as portas, falla quando quer ao Imperador, e he hum dos feus maiores
valídos : he como o depofitario dos
amores do Principe. Os outros Eunuchos que lhe eftão fujeitos, são muitas vezes mandados ao Serralho do
Grão-Senhor com cartas do Capi-Aga
em que vão algumas recommendações, e particularidades das Sultanas.

O *Dinsho-Glerbo* he o General das
Galeras, que commanda os Beys, e
mais Officiaes da Marinha. Quando
eftá em Conftantinopla, o Bey de Ro-
des governa em feu lugar, por fer
o chefe da primeira Efquadra; e ao
qual fe feguem os de Chio, de Chypre, da Moréa, do Egypto, e do
Archipelago.

O *Dogangi-Bachi* he o meftre Fal-
coeiro do Sultão. Efte Official he de
muita confideração, e refpeito na Corte,

te , e cafa do Principe ; mas como não tem entrada no Gabinete do Imperador , he cafualidade quándo he elevado a maior fortuna.

O *Arpaemino* , como diffemos , he o adminiftrador provifionario das cavalherices do Serralho. Deftribue cada dia a palha, feno , cevada , ou aveia que fe dá de reção a cada cavallo. Os Turcos tem hum modo de ferrar os feus cavallos , que lhes he particular : batem as ferraduras em ferro frio , e trabalhão nellas com tanta arte, que quatro das fuas não pezão huma das noffas. Conta-fe quafi mil , ou mil e duzentos cavallos no Serralho para o ferviço de todos os Officiaes. Cada tres cavallos tem hum moço que trata delles , e os almofaça : poucos são os paizes, aonde fe trate , e almoface melhor os cavallos que em Turquia.

O *Du-Kigi-Bachi* he o Official maior , ou Prefidente do Arcenal na fundição das boeas de fogo de Artilheria. Tem outros muitos Officiaes que lhe eftão fubordinados.

O *Kapifter-Kabiafi* he o Gráo-
Mef-

Meftre das ceremonias da Porta. Acompanha o Grão-Senhor quando vai ao exercito, ou quando faz alguma jornada, a fim de difpor do que diz refpeito á recepção de todos os que são enviados a S. Alteza Imperial.

O *Lecchem-Baffi* he o primeiro Medico da camara do Grão-Senhor. Efte Principe, tem ordinariamente em feu ferviço os dez, ou doze Medicos mais bem reputados do Oriente. Elles tem grandes ordenados, e muitas dádivas, e prefentes. Quando o Imperador tem alguns vifos de moleftia, ou eftá doente, todos os Medicos vão affiftir dentro no Serralho, donde não fahem fenão depois da morte do Sultão, ou do feu total reftabelecimento: ainda quando elle eftá em perfeita faude, fempre tres Medicos eftão obrigados a irem todas as manhãs ao Serralho, e confervarem-fe ahi na Botica até o meio dia, a fim de eftarem promptos em cafo de neceffidade. Os Boticarios tem fua refidencia no Serralho, e são em grandiffimo número, são outros tantos quimicos. Na Botica,

ca, ou laboratorio ha dezoito, ou vinte Meſtres que trabalhão, e duzentos,
ou trezentos mancebos que os ſervem,
e que huma vez cada anno vão com
hum Meſtre arrancar ervas, e plantas
medicinaes. A Botica tem de comprimento mais de quarenta braças, e de
largura mais de vínte e ſinco ; eſtá
armada, e reveſtida de muito grandes
vaſos aonde eſtão os oleos, os unguen-
tos, os charopes, as agoas, e mais
licores para uſo do Gráo-Senhor. Os
Cirurgióes, e os Barbeiros do Principe eſtão moradores no Serralho, donde não ſahem ſenão no dia do Bay-
ráo.

O *Selikhtar* he o Gráo-Marechal
do Imperio. Não ſahe do ſeu emprego ſenão para ſer Bachá, e algumas
vezes Gráo-Vizir. Então neſte ultimo
caſo he obrigado a eſtar occulto dous,
ou tres mezes, até que tenha barbas
creſcidas, pois em quanto he Selik-
har não lhe he permittido deixar creſ-
cer a barba, do meſmo modo que
ſem ella não póde ſer Vizir.

O *Topechi-Bachi* he o Gráo-Meſ-
tre

tre de Artilheria. Commanda hum númeroſo corpo de tropas deſtinadas para o ſerviço das peças, e bocas de fogo. Em virtude do ſeu cargo he Governador do diſtricto da fundição, chamado *Topebana*, aonde as ſuas tropas tem córpos de guarda, e nelles fazem o ſerviço diariamente.

O *Muſay* he huma qualidade entre os Turcos que elles eſtimão em mais que todas as que ha no Imperio; porque lhes dá liberdade de fallar ao Sultão em particular todas as vezes que ſe julga ſer conveniente. O Principe favorece ordinariamente com eſta dignidade aquelle dos *Agalarizos*, que elle mais eſtima, e obra aſſim por duas razões: primeiramente por conferir maior reſpeito, e eſtimação aos ſeus valídos, em ſegundo lugar para ter eſpias entre os grandes da ſua Corte, que revelem o que fazem os Bachás, e os outros Officiaes maiores: por eſte meio he em diverſas occaſiões aviſado das maquinações, e ciladas que ſe armão contra ſeus eſtados, ou contra ſua peſſoa.

O

O *Humogi-Bachi* he o Infpector dos banhos do Imperador. Efte Official he muito refpeitado no Serralho; mas como tem fua affiftencia á parte; e não entra na camara do Principe, quafi nunca paffa a maior gráo de honra, nem de emprego.

O *Nicangi-Baffi*, ou *Netangi-Bachi*, faz as mefmas funçóes em Palacio, que entre nós hum Secretario de Eftado. He quem póe o fello nas ordens, e defpachos do Gráo-Senhor; mas não tem efta authoridade fem primeiro haver recebido ordem do Gráo-Vizir. Os outros Vizires podem, em certos cafos, tambem pôr o fello; o que diminue confiderávelmente o cargo de Nicangi-Baffi. O feu rendimento, ou ordenado eftá emprazado em hum Timar *Nichan*, ou *Niffão*, he o fello do Imperador. São eftas as primeiras letras Árabigas entrelaçadas com que fe fellão as cartas do Principe, e as expediçóes do Divan.

O *Sarai-Agaffi* he o fuperior dos que levão á mão os cavallos do Gráo-Senhor, quando elle fahe de Conftan-

ti-

tinopla, ou feja para ir á guerra, ou para a caça, e recreio.

Os mais Officiaes, que andáo juntos á peſſoa do Principe, são quaſi tirados dos Agalarizos, ou Ichoglanos, que são os Pagens, e favorecidos de S. Alteza Imperial. Eis-aqui os nomes, e exercicio, ou obrigaçóes de cada hum. O *Chiodar-Aga* he o que leva o manto Imperial ao Sultão, e o acompanha effectivamente; excepto, quando elle vai ao Serralho das mulheres. O *Chilargi-Baſſi* he o Meſtre da Copa, ou Gráo-Copeiro: he obrigado a apromptar a bebida do Imperador, e demais he encarregado de toda a deſpeza do Serralho. O *Chiamaci-Aga* he o capataz dos lavadeiros: a fua obrigação he de ter em bom eſtado tudo o que ſerve para a limpeza, e aceio do Gráo-Senhor. O *Iſchioptar* he quem lhe leva o ſorvete. O *Metaragi-Aga* he o que vai adiante do Gráo-Turco em acção de marcha, levando hum vafo cheio de agoa para feu Senhor ſe purificar, ſe no caminho quizēr fazer oração

ção. O *Rekiptar* he o que pega no estribo quando S. Alteza monta a cavallo. O *Sarrigi-Bachi* tem conta, e cuidado das facas, de que se serve o Sultão, para que se conservem amoladas, limpas, e em bom estado. O *Teskelegi-Bachi* distribue as expedições do Principe. O *Tulbentar-Aga* leva-lhe o turbante; e o *Turmachi-Baffi* apara-lhe as unhas.

CAPITULO LXVI.

De alguns usos praticados na Corte Ottomana.

OS Turcos tem grande vigilancia em evitarem huma cousa que poderia vir a ser muitissimo prejudicial á paz, e tranquilidade do Imperio; he o ciume, e inveja reciproca dos filhos do Sultão. São educados em differentes Serralhos, e não lhes he permittido ir a Constantinopla, em quanto seu pai vive, pelo receio que ha de que encontrando-se na Corte, ou em Palacio houvesse de se armar hum contra

.tra

tra outro por eftimulo de inveja , ou tambem afpiraffem a reinar antes de tempo. Por efta razão he que o Gráo-Senhor , logo que fóbe ao trono, manda algumas vezes matar todos os feus irmãos : o mais ufual he todavia retellos claufurados em lugar feguro. Alguns viajantes tem publicado que os Principes eftão em prizões aonde não entra a luz do dia fenão pelo tecto ; mas ifto he defcarada mentira. Semelhantes prizões verdade he que exiftem , porém não para os Principes, a não fer em cafo de fublevação. Ordinariamente he fua affiftencia em hum pequeno Serralho de diminuto número de cafas , é hum jardim aonde póde paffear a pé , e a cavallo : he fervido por Eunuchos , e tem certo número de mulheres, para feus torpes prazeres ; mas ha cuidado de as fazer eftereis antes de as entregar ao Principe ; e fe alguma dellas ainda affim chega a eftar gravida , ufa-fe de algum remedio para abortar.

Ofmão III. efteve claufurado defte modo até á idade de fincoenta e oito annos em que foi acclamado Imperador, por fallecimento de feu irmão o Sultão Mahmet, ou Mahomet V. a quem os Janizaros tinhão pofto fobre o throno em 1730, em lugar de Ahmet III. feu tio, que tinha fido acclamado em 1703, depois da depofição de Muftafá II. pai de Mahomet V., e de Ofmão III. Efte era o mais idofo de todos os Principes de fangue dos Ottomanos, e por direito devia fucceder ao Imperador feu irmão. Verdade he que efta ordem nem fempre fe obferva, pois he alterada pela vontade dos Janizaros, que chegando quafi a quarenta mil os que eftão em Conftantinopla, difpóem do throno, como lhes parece, e elevão a elle quem querem, com tanto que feja da familia dos Ottomanos a quem são muito affeiçoados. A opinião mais recebida, he que fe efta cafa viefle a faltar, a do Cáo dos Tartaros lhe devia fucceder.

Chegando á noticia de Ofmão que a maior parte dos Mufulmanos tinhão a prohibição de beber vinho, como

fen-

fendo feita para regulação da gemalha, eftabeleceo rigorofiffimos caftigos para todos aquelles, que, fem refpeito ao Alcorão, ufaffem defte licor. Em anno e meio depoz quatro Gráos-Vizires: o ultimo deftes foi morto, e o feu corpo expofto á vifta do povo para exemplo, com efta infcripção: *Eis aqui o corpo do perverfo Nifcangio, que trahio a confidencia do Sultão feu Senhor, e que mereceo a indignação de S. Alteza pelas maldades que commetteo. Aproveite-fe cada hum defte exemplo.* Depois da morte defte Vizir, acharão-fe em feus cofres tres milhões de cruzados, não tendo exercitado aquelle cargo mais de dous mezes: ifto bem conforma o que diffemos do poder, authoridade, e riqueza de quem exerce efte emprego.

CAPITULO LXVII.

Da maneira de receber os Embaixadores na Turquia.

A Prerogativa, e ministerio de Embaixador he huma cousa sagrada, e inviolavel na Turquia : o Alcorão obriga a tratar civilmente todos os que são revestidos de semelhante dignidade, e a protegellos contra todas as violencias que se lhe queirão fazer. De todos os Embaixadores da Europa, nenhum he mais bem recebido, nem mais estimado dos Turcos, que o do Imperador de Alemanha, porque seus estados se confinão, e tem mais occasião de conflicto de forças com este Monarca, que com os outros Principes Christãos. Logo que o Embaixador piza terras do Grão-Senhor, este o sustenta, e todas as mais despezas são feitas á custa do Principe Ottomano, até que se retire da sua Corte : o seu tratamento he proporcionado á importancia da ne-

go-

gociação de que vai encarregado. Como sempre foi costume dos Principes do Oriente mandarem presentes em final de amizade, o Imperador se tem conformado a este uso quando tem mandado Embaixadores á Porta, e o Grão-Senhor lhe envia, tambem outro Embaixador com presentes de igual valor. Não usa assim com os Embaixadores, ou Residentes dos outros Soberanos da Europa, que lhe não são enviados principalmente senão para o Commercio. O Sultão recebe os seus presentes, a que elle chama *tributos*, querendo que os tratados que faz com elles, sejão Privilegios que concede a seus vassallos.

As ceremonias praticadas na Corte, quando se dá audiencia ao Embaixador, são, como em outros Reinos, com muita pompa, e magnificencia. Depois do Embaixador se visitar com o Grão-Vizir, elege-se para dia de audiencia aquelle em que se ha de fazer pagamento aos Janizaros; o que regularmente se faz cada tres mezes, a fim delle poder ver de hum golpe
de

de vifta a ordem , e a difciplina dá
gente de guerra , o dinheiro , e o
foldo que fe lhes paga. Efte dinheiro he levado para o Divan , e eftá
pofto em montes no lugar aonde o Sultão ha de ir , e aonde fe affenta em
huma cadeira de veludo ao pé do Grão-
Vizir , e dos mais Vizires que eftão
em Conftantinopla. Logo que efte dinheiro fe diftribue aos Chefes de cada
quartel para pagamento dos foldados ,
fe prepára hum magnifico jantar para o
Embaixador. Põe-fe efte á meza com
o Vizir, e com o Grão-Thefoureiro. A
meza he hum pouco mais baixa que
as de que nos fervimos ordinariamente ,
e eftá toda coberta com huma grande
bacia de prata , em que eftão poftos
ordenadamente os pratos fem toalha
nem facas. Ha na mefma fala outras
duas mezas para os principaes Officiaes
da comitiva do Embaixador , e para
mais algumas peffoas de refpeito , e
confideração entre os Turcos. Eftas duas
mezas são fervidas, pondo, e tirando
pratos ; todos eftes pratos são da mais
fina porcelana da China. Acabado o jan-

tar,

tar, o *Chiau-Bachi* encaminha o Embaixador, e a fua comitiva para huma fala particular, e ahi lhes dá algumas veftes de feda como final da benificencia do Sultão. Depois de fe veftirem, e adornarem com aquellas veftes, são conduzidos por dous Officiaes do Capigi-Bachi ao Superior dos Porteiros do Serralho, o qual eftá proximo ás falas em que o Gráo-Senhor ha de receber a Embaixada. Os prefentes que o Embaixador leva para o Sultão, vão em feu feguimento levados pelos Officiaes a quem compete recebellos. Os pateos por onde pafsão, eftão repletos de Janizaros, que guardão tal filencio, e decóro, que nem peftanejão. Chegão a hum veftibulo guarnecido por todas as partes de Eunuchos brancos veftidos de tecido de ouro, e de feda. Aqui fica quafi todo o acompanhamento do Embaixador, e fó elle, e poucos da fua comitiva entrão. A porta da fala da Audiencia não tem mais guardas, nem fentinellas que hum Eunucho branco. O Embaixador chega a ella, e pára hum pouco de tempo, e depois vai entrando

com

com paſſos muito vagaroſos , para aſſim moſtrar ao Grão-Senhor, quão grande-mente o reſpeita. O throno deſte Prin-cipe eſtá hum pouco levantado da ter-ra, e ſuſtentado por quatro pilares co-bertos de chapas de ouro, e do forro do tecto, que he dourado ás mil ma-ravilhas, eſtão pendentes muitas eſfe-ras do meſmo metal. O pavimento eſtá coberto de riquiſſimos tapetes de velu-do carmezim, com bordaduras de ouro, e recamados de perolas em diverſas par-tes. A almofada em que o Principe eſ-tá aſſentado, e as duas em que deſcan-ça os braços, ſão bordadas de ouro , e recamadas de pedras precioſas. O Grão-Vizir unicamente he que eſtá na ſala da Audiencia, poſto em pé a par do Imperador da parte direita com a gra-vidade, e reſpeito que requer o ſeu em-prego, e com que elle ſe porta em pre-ſença do ſeu diſpotico Soberano. Os dous Officiaes do Capigi-Bachi ampá-rão o Embaixador por baixo dos braços, e quando elle tem andado até huma certa diſtancia, póe-lhe a mão no peſ-coço , e fazem-lhe abaixar a cabeça

até

até não mais, outra vez lha levantão, e depois o fazem recuar até ao fim da fala. O Embaixador sempre em pé em quanto dura a Audiencia, falla com o Gráo-Senhor por meio de hum interprete, e deste modo propõe a negociação a que vai, o que tem que lhe dizer da parte do seu Monarca. Tudo o que elle propõe, e diz he lançado por escripto, e depois se lê em voz alta, e he entregue ao Gráo-Vizir, o qual lhe ha de responder, e terminar com elle os negocios de estado que fórmão o objecto da sua Embaixada. Os Turcos não fazem differença de hum Embaixador a hum Residente, a hum Agente, ou a hum Enviado; a todos igualmente chamão *Elcbi*.

Outros usos menos commemoraveis poderia aqui relatar, mas serião de nenhum gosto, e de pouca instrucção para o leitor, e por tanto não me será criminoso, antes talvez louvavel o não fazer menção delles.

F I M.

INDEX
DOS CAPITULOS.

CAP.

CAP.

CAP.

Lightning Source UK Ltd.
Milton Keynes UK
UKHW022213280119
336364UK00008B/1229/P